SERGIO PINTO MARTINS

GREVE DO SERVIDOR PÚBLICO

2025 **TERCEIRA** EDIÇÃO

Dados Internacionais de Catalogação na Publicação (CIP) de acordo com ISBD

M386g   Martins, Sérgio Pinto
    Greve do servidor público / Sérgio Pinto Martins. - 3. ed. - Indaiatuba, SP : Editora Foco, 2025.
    88 p. ; 16cm x 23cm.
    Inclui bibliografia e índice.
    ISBN: 978-65-6120-312-8

    1. Direito. 2. Direito trabalhista. 3. Greve. 4. Servidor público. I. Título.

2025-627   CDD 344.01   CDU 349.2

Elaborado por Vagner Rodolfo da Silva - CRB-8/9410
Índices para Catálogo Sistemático:
    1. Direito trabalhista 344.01
    2. Direito trabalhista 349.2

SERGIO
PINTO
MARTINS

GREVE DO SERVIDOR PÚBLICO

TERCEIRA EDIÇÃO

2025 © Editora Foco
Autor: Sergio Pinto Martins
Diretor Acadêmico: Leonardo Pereira
Editor: Roberta Densa
Coordenadora Editorial: Paula Morishita
Revisora Sênior: Georgia Renata Dias
Revisora Júnior: Adriana Souza Lima
Capa Criação: Leonardo Hermano
Diagramação: Ladislau Lima e Aparecida Lima
Impressão miolo e capa: META BRASIL

DIREITOS AUTORAIS: É proibida a reprodução parcial ou total desta publicação, por qualquer forma ou meio, sem a prévia autorização da Editora FOCO, com exceção do teor das questões de concursos públicos que, por serem atos oficiais, não são protegidas como Direitos Autorais, na forma do Artigo 8º, IV, da Lei 9.610/1998. Referida vedação se estende às características gráficas da obra e sua editoração. A punição para a violação dos Direitos Autorais é crime previsto no Artigo 184 do Código Penal e as sanções civis às violações dos Direitos Autorais estão previstas nos Artigos 101 a 110 da Lei 9.610/1998. Os comentários das questões são de responsabilidade dos autores.

NOTAS DA EDITORA:

Atualizações e erratas: A presente obra é vendida como está, atualizada até a data do seu fechamento, informação que consta na página II do livro. Havendo a publicação de legislação de suma relevância, a editora, de forma discricionária, se empenhará em disponibilizar atualização futura.

Erratas: A Editora se compromete a disponibilizar no site www.editorafoco.com.br, na seção Atualizações, eventuais erratas por razões de erros técnicos ou de conteúdo. Solicitamos, outrossim, que o leitor faça a gentileza de colaborar com a perfeição da obra, comunicando eventual erro encontrado por meio de mensagem para contato@editorafoco.com.br. O acesso será disponibilizado durante a vigência da edição da obra.

Impresso no Brasil (2.2025) – Data de Fechamento (2.2025)

2025
Todos os direitos reservados à
Editora Foco Jurídico Ltda.
Rua Antonio Brunetti, 593 – Jd. Morada do Sol
CEP 13348-533 – Indaiatuba – SP
E-mail: contato@editorafoco.com.br
www.editorafoco.com.br

Dedico este livro ao Prof. Cássio Mesquita Barros, pois, ao fornecer parecer sobre o tema, levou-me a estudar o assunto, o que resultou no presente trabalho.

TRABALHOS DO AUTOR

LIVROS

1. *Imposto sobre serviços* – ISS. São Paulo: Atlas, 1992.
2. *Direito da seguridade social*. 42. ed. São Paulo: Saraiva, 2024.
3. *Direito do trabalho*. 40. ed. São Paulo: Saraiva, 2024.
4. *A terceirização e o direito do trabalho*. 17. ed. São Paulo: Saraiva, 2019.
5. *Manual do ISS*. 10. ed. São Paulo: Saraiva, 2017.
6. *Participação dos empregados nos lucros das empresas*. 6. ed. Indaiatuba: Foco, 2025.
7. *Práticas discriminatórias contra a mulher e outros estudos*. São Paulo: LTr, 1996.
8. *Contribuição confederativa*. São Paulo: LTr, 1996.
9. *Medidas cautelares*. São Paulo: Malheiros, 1996.
10. *Manual do trabalho doméstico*. 15. ed. Indaiatuba: Foco, 2025.
11. *Tutela antecipada e tutela específica no processo do trabalho*. 4. ed. São Paulo: Atlas, 2013.
12. *Manual do FGTS*. 6. ed. Indaiatuba: Foco, 2025.
13. *Comentários à CLT*. 21. ed. São Paulo: Saraiva, 2018.
14. *Manual de direito do trabalho*. 11. ed. São Paulo: Saraiva, 2018.
15. *Direito processual do trabalho*. 39. ed. São Paulo: Saraiva, 2017.
16. *Contribuições sindicais*. 5. ed. São Paulo: Atlas, 2009.
17. *Contrato de trabalho de prazo determinado e banco de horas*. 4. ed. São Paulo: Atlas, 2002.
18. *Estudos de direito*. São Paulo: LTr, 1998.
19. *Legislação previdenciária*. 22. ed. São Paulo: Saraiva, 2016.
20. *Síntese de direito do trabalho*. Curitiba: JM, 1999.
21. *A continuidade do contrato de trabalho*. 3. ed. Indaiatuba: Foco, 2025.
22. *Flexibilização das condições de trabalho*. 7. ed. Indaiatuba: Foco, 2025.
23. *Legislação sindical*. São Paulo: Atlas, 2000.
24. *Comissões de conciliação prévia*. 3. ed. São Paulo: Atlas, 2008.
25. *Col. Fundamentos: direito processual do trabalho*. 21. ed. São Paulo: Saraiva, 2018.
26. *Instituições de direito público e privado*. 17. ed. São Paulo: Saraiva, 2017.
27. *Col. Fundamentos: direito do trabalho*. 19. ed. São Paulo: Saraiva, 2018.

28. *Col. Fundamentos: direito da seguridade social.* 17. ed. São Paulo: Saraiva, 2016.
29. *O pluralismo do direito do trabalho.* 3. ed. Indaiatuba: Foco, 2025.
30. *Greve no serviço público.* 3. ed. Indaiatuba: Foco, 2025.
31. *Execução da contribuição previdenciária na Justiça do Trabalho.* 5. ed. São Paulo: Saraiva, 2019.
32. *Manual de direito tributário.* 17. ed. São Paulo: Saraiva, 2018.
33. *CLT universitária.* 24. ed. São Paulo: Saraiva, 2018.
34. *Cooperativas de trabalho.* 8. ed. Indaiatuba: Foco, 2025.
35. *Reforma previdenciária.* 2. ed. São Paulo: Atlas, 2006.
36. *Manual da justa causa.* 8. ed. Indaiatuba: Foco, 2025.
37. *Comentários às súmulas do TST.* 16. ed. São Paulo: Saraiva, 2016.
38. *Constituição. CLT. Legislação previdenciária e legislação complementar.* 3. ed. São Paulo: Atlas, 2012.
39. *Dano moral decorrente do contrato de trabalho.* 6. ed. Indaiatuba: Foco, 2025.
40. *Profissões regulamentadas.* 2. ed. São Paulo: Atlas, 2013.
41. *Direitos fundamentais trabalhistas.* 2. ed. São Paulo: Atlas, 2015.
42. *Convenções da OIT.* 3. ed. São Paulo: Saraiva, 2016.
43. *Estágio e relação de emprego.* 6. ed. Indaiatuba: Foco, 2025.
44. *Comentários às Orientações Jurisprudenciais da SBDI-1 e 2 do TST.* 7. ed. São Paulo: Saraiva, 2016.
45. *Direitos trabalhistas do atleta profissional de futebol.* 2. ed. São Paulo: Saraiva, 2016.
46. *Prática trabalhista.* 8. ed. São Paulo: Saraiva, 2018.
47. *Assédio moral no emprego.* 6. ed. Indaiatuba: Foco, 2025.
48. *Comentários à Lei n. 8.212/91. Custeio da Seguridade Social.* São Paulo: Atlas, 2013.
49. *Comentários à Lei n. 8.213/91. Benefícios da Previdência Social.* São Paulo: Atlas, 2013.
50. *Prática previdenciária.* 3. ed. São Paulo: Saraiva, 2017.
51. *Teoria geral do processo.* 9. ed. São Paulo: Saraiva, 2024.
52. *Teoria geral do Estado.* 3. ed. São Paulo: Saraiva, 2024.
53. *Reforma trabalhista.* São Paulo: Saraiva, 2018.
54. *Introdução ao estudo do Direito.* 3ª ed. São Paulo: Saraiva, 2024.

ARTIGOS

1. A dupla ilegalidade do IPVA. *Folha de S.Paulo*, São Paulo, 12 mar. 1990. Caderno C, p. 3.
2. Descumprimento da convenção coletiva de trabalho. *LTr*, São Paulo, n. 54-7/854, jul. 1990.

3. *Franchising* ou contrato de trabalho? *Repertório IOB de Jurisprudência*, n. 9, texto 2/4990, p. 161, 1991.

4. A multa do FGTS e o levantamento dos depósitos para aquisição de moradia. *Orientador Trabalhista – Suplemento de Jurisprudência e Pareceres*, n. 7, p. 265, jul. 1991.

5. O precatório e o pagamento da dívida trabalhista da fazenda pública. *Jornal do II Congresso de Direito Processual do Trabalho*, p. 42. jul. 1991. (Promovido pela LTr Editora.)

6. As férias indenizadas e o terço constitucional. *Orientador Trabalhista Mapa Fiscal – Suplemento de Jurisprudência e Pareceres*, n. 8, p. 314, ago. 1991.

7. O guarda de rua contratado por moradores. Há relação de emprego? *Folha Metropolitana*, Guarulhos, 12 set. 1991, p. 3.

8. O trabalhador temporário e os direitos sociais. *Informativo Dinâmico IOB*, n. 76, p. 1.164, set. 1991.

9. O serviço prestado após as cinco horas em sequência ao horário noturno. *Orientador Trabalhista Mapa Fiscal – Suplemento de Jurisprudência e Pareceres*, n. 10, p. 414, out. 1991.

10. Incorporação das cláusulas normativas nos contratos individuais do trabalho. *Jornal do VI Congresso Brasileiro de Direito Coletivo do Trabalho e V Seminário sobre Direito Constitucional do Trabalho*, p. 43. nov. 1991. (Promovido pela LTr Editora.)

11. Adicional de periculosidade no setor de energia elétrica: algumas considerações. *Orientador Trabalhista Mapa Fiscal – Suplemento de Jurisprudência e Pareceres*, n. 12, p. 544, dez. 1991.

12. Salário-maternidade da empregada doméstica. *Folha Metropolitana*, Guarulhos, p. 7, 2-3 fev. 1992.

13. Multa pelo atraso no pagamento de verbas rescisórias. *Repertório IOB de Jurisprudência*, n. 1, texto 2/5839, p. 19, 1992.

14. Base de cálculo dos adicionais. *Orientador Trabalhista Mapa Fiscal – Suplemento de Legislação, Jurisprudência e Doutrina*, n. 2, p. 130, fev. 1992.

15. Base de cálculo do adicional de insalubridade. *Orientador Trabalhista Mapa Fiscal – Suplemento de Legislação, Jurisprudência e Doutrina*, n. 4, p. 230, abr. 1992.

16. Limitação da multa prevista em norma coletiva. *Repertório IOB de Jurisprudência*, n. 10, texto 2/6320, p. 192, 1992.

17. Estabilidade provisória e aviso-prévio. *Orientador Trabalhista Mapa Fiscal – Suplemento de Legislação, Jurisprudência e Doutrina*, n. 5, p. 279, maio 1992.

18. Contribuição confederativa. *Orientador Trabalhista Mapa Fiscal – Suplemento de Legislação, Jurisprudência e Doutrina*, n. 6, p. 320, jun. 1992.

19. O problema da aplicação da norma coletiva de categoria diferenciada à empresa que dela não participou. *Orientador Trabalhista Mapa Fiscal – Suplemento de Legislação, Jurisprudência e Doutrina*, n. 7, p. 395, jul. 1992.

20. Intervenção de terceiros no processo de trabalho: cabimento. *Jornal do IV Congresso Brasileiro de Direito Processual do Trabalho*, jul. 1992, p. 4. (Promovido pela LTr Editora.)

21. Relação de emprego: dono de obra e prestador de serviços. *Folha Metropolitana*, Guarulhos, 21 jul. 1992, p. 5.
22. Estabilidade provisória do cipeiro. *Orientador Trabalhista Mapa Fiscal – Suplemento de Legislação, Jurisprudência e Doutrina*, n. 8, p. 438, ago. 1992.
23. O ISS e a autonomia municipal. *Suplemento Tributário LTr*, n. 54, p. 337, 1992.
24. Valor da causa no processo do trabalho. *Suplemento Trabalhista LTr*, n. 94, p. 601, 1992.
25. Estabilidade provisória do dirigente sindical. *Orientador Trabalhista Mapa Fiscal – Suplemento de Legislação, Jurisprudência e Doutrina*, n. 9, p. 479, set. 1992.
26. Estabilidade no emprego do aidético. *Folha Metropolitana*, Guarulhos, 20-21 set. 1992, p. 16.
27. Remuneração do engenheiro. *Orientador Trabalhista Mapa Fiscal – Suplemento de Legislação, Jurisprudência e Doutrina*, n. 10, p. 524, out. 1992.
28. Estabilidade do acidentado. *Repertório IOB de Jurisprudência*, n. 22, texto 2/6933, p. 416, 1992.
29. A terceirização e suas implicações no direito do trabalho. *Orientador Trabalhista Mapa Fiscal – Legislação, Jurisprudência e Doutrina*, n. 11, p. 583, nov. 1992.
30. Contribuição assistencial. *Jornal do VII Congresso Brasileiro de Direito Coletivo do Trabalho e VI Seminário sobre Direito Constitucional do Trabalho*, nov. 1992, p. 5.
31. Descontos do salário do empregado. *Orientador Trabalhista Mapa Fiscal – Suplemento de Legislação, Jurisprudência e Doutrina*, n. 12, p. 646, dez. 1992.
32. Transferência de empregados. *Orientador Trabalhista Mapa Fiscal – Suplemento de Legislação, Jurisprudência e Doutrina*, n. 1, p. 57, jan. 1993.
33. A greve e o pagamento dos dias parados. *Orientador Trabalhista Mapa Fiscal – Suplemento de Legislação, Jurisprudência e Doutrina*, n. 2, p. 138, fev. 1993.
34. Auxílio-doença. *Folha Metropolitana*, Guarulhos, 30 jan. 1993, p. 5.
35. Salário-família. *Folha Metropolitana*, Guarulhos, 16 fev. 1993, p. 5.
36. Depósito recursal. *Repertório IOB de Jurisprudência*, n. 4, texto 2/7239, p. 74, fev. 1993.
37. Terceirização. *Jornal Magistratura & Trabalho*, n. 5, p. 12, jan. e fev. 1993.
38. Auxílio-natalidade. *Folha Metropolitana*, Guarulhos, 9 mar. 1993, p. 4.
39. A diarista pode ser considerada empregada doméstica? *Orientador Trabalhista Mapa Fiscal – Suplemento Trabalhista Mapa Fiscal – Suplemento de Legislação, Jurisprudência e Doutrina*, n. 3/93, p. 207.
40. Renda mensal vitalícia. *Folha Metropolitana*, Guarulhos, 17 mar. 1993, p. 6.
41. Aposentadoria espontânea com a continuidade do aposentado na empresa. *Jornal do Primeiro Congresso Brasileiro de Direito Individual do Trabalho*, 29 e 30 mar. 1993, p. 46-47. (Promovido pela LTr Editora.)
42. Relação de emprego e atividades ilícitas. *Orientador Trabalhista Mapa Fiscal – Suplemento de Legislação, Jurisprudência e Doutrina*, n. 5/93, p. 345.

43. Conflito entre norma coletiva do trabalho e legislação salarial superveniente. *Revista do Advogado*, n. 39, p. 69, maio 1993.
44. Condição jurídica do diretor de sociedade em face do direito do trabalho. *Orientador Trabalhista Mapa Fiscal – Suplemento de Legislação, Jurisprudência e Doutrina*, n. 6/93, p. 394.
45. Equiparação salarial. *Orientador Trabalhista Mapa Fiscal – Suplemento de Legislação, Jurisprudência e Doutrina*, n. 7/93, p. 467.
46. Dissídios coletivos de funcionários públicos. *Jornal do V Congresso Brasileiro de Direito Processual do Trabalho*, jul. 1993, p. 15. (Promovido pela LTr Editora.)
47. Contrato coletivo de trabalho. *Orientador Trabalhista Mapa Fiscal – Suplemento de Legislação, Jurisprudência e Doutrina*, n. 8/93, p. 536.
48. Reintegração no emprego do empregado aidético. *Suplemento Trabalhista LTr*, n. 102/93, p. 641.
49. Incidência da contribuição previdenciária nos pagamentos feitos na Justiça do Trabalho. *Orientador Trabalhista Mapa Fiscal – Suplemento de Legislação, Jurisprudência e Doutrina*, n. 9/93, p. 611.
50. Contrato de trabalho por obra certa. *Orientador Trabalhista Mapa Fiscal – Suplemento de Legislação, Jurisprudência e Doutrina*, n. 10/93, p. 674.
51. Autoaplicabilidade das novas prestações previdenciárias da Constituição. *Revista de Previdência Social*, n. 154, p. 697, set. 1993.
52. Substituição processual e o Enunciado 310 do TST. *Orientador Trabalhista Mapa Fiscal – Suplemento de Legislação, Jurisprudência e Doutrina*, n. 11/93, p. 719.
53. Litigância de má-fé no processo do trabalho. *Repertório IOB de Jurisprudência*, n. 22/93, texto 2/8207, p. 398.
54. Constituição e custeio do sistema confederativo. *Jornal do VIII Congresso Brasileiro de Direito Coletivo do Trabalho e VII Seminário sobre Direito Constitucional do Trabalho*, nov. 1993, p. 68. (Promovido pela LTr Editora.)
55. Participação nos lucros. *Orientador Trabalhista Mapa Fiscal – Suplemento de Legislação, Jurisprudência e Doutrina*, n. 12/93, p. 778.
56. Auxílio-funeral. *Folha Metropolitana*, Guarulhos, 22-12-1993, p. 5.
57. Regulamento de empresa. *Orientador Trabalhista Mapa Fiscal – Suplemento de Legislação, Jurisprudência e Doutrina*, n. 1/94, p. 93.
58. Aviso-prévio. *Orientador Trabalhista Mapa Fiscal – Suplemento de Legislação, Jurisprudência e Doutrina*, n. 2/94, p. 170.
59. Compensação de horários. *Orientador Trabalhista Mapa Fiscal – Suplemento de Legislação, Jurisprudência e Doutrina*, n. 3/94, p. 237.
60. Controle externo do Judiciário. *Folha Metropolitana*, Guarulhos, 10-3-1994, p. 2; *Folha da Tarde*, São Paulo, 26-3-1994, p. A2.
61. Aposentadoria dos juízes. *Folha Metropolitana*, Guarulhos, 11-3-1994, p. 2; *Folha da Tarde*, São Paulo, 23-3-1994, p. A2.

62. Base de cálculo da multa de 40% do FGTS. *Jornal do Segundo Congresso Brasileiro de Direito Individual do Trabalho*, promovido pela LTr, 21 a 23-3-1994, p. 52.

63. Denunciação da lide no processo do trabalho. *Repertório IOB de Jurisprudência*, n. 7/94, abril de 1994, p. 117, texto 2/8702.

64. A quitação trabalhista e o Enunciado n. 330 do TST. *Orientador Trabalhista Mapa Fiscal – Suplemento de Legislação, Jurisprudência e Doutrina*, n. 4/94, p. 294.

65. A indenização de despedida prevista na Medida Provisória n. 457/94. *Repertório IOB de Jurisprudência*, n. 9/94, p. 149, texto 2/8817.

66. A terceirização e o Enunciado n. 331 do TST. *Orientador Trabalhista Mapa Fiscal – Suplemento de Legislação, Jurisprudência e Doutrina*, n. 5/94, p. 353.

67. Superveniência de acordo ou convenção coletiva após sentença normativa – prevalência. *Orientador Trabalhista Mapa Fiscal – Suplemento de Legislação, Jurisprudência e Doutrina*, n. 6/94, p. 386.

68. Licença-maternidade da mãe adotiva. *Orientador Trabalhista Mapa Fiscal – Suplemento de Legislação, Jurisprudência e Doutrina*, n. 7/94, p. 419.

69. Medida cautelar satisfativa. *Jornal do 6º Congresso Brasileiro de Direito Processual do Trabalho*, promovido pela LTr nos dias 25 a 27-7-1994, p. 58.

70. Estabelecimento prestador do ISS. *Suplemento Tributário LTr*, n. 35/94, p. 221.

71. Turnos ininterruptos de revezamento. *Orientador Trabalhista Mapa Fiscal – Suplemento de Legislação, Jurisprudência e Doutrina*, n. 8/94, p. 468.

72. Considerações em torno do novo Estatuto da OAB. *Repertório IOB de Jurisprudência*, n. 17/94, set. 1994, p. 291, texto 2/9269.

73. Diárias e ajudas de custo. *Orientador Trabalhista Mapa Fiscal – Suplemento de Legislação, Jurisprudência e Doutrina*, n. 9/94, p. 519.

74. Reajustes salariais, direito adquirido e irredutibilidade salarial. *Orientador Trabalhista Mapa Fiscal – Suplemento de Legislação, Jurisprudência e Doutrina*, n. 10/94, p. 586.

75. Os serviços de processamento de dados e o Enunciado n. 239 do TST. *Orientador Trabalhista Mapa Fiscal – Suplemento de Legislação, Jurisprudência e Doutrina*, n. 11/94, p. 653.

76. Desnecessidade de depósito administrativo e judicial para discutir o crédito da seguridade social. *Orientador Trabalhista Mapa Fiscal – Suplemento de Legislação, Jurisprudência e Doutrina*, n. 12/94, p. 700.

77. Número máximo de dirigentes sindicais beneficiados com estabilidade. *Repertório IOB de Jurisprudência*, n. 24/94, dezembro de 1994, p. 408, texto 2/9636.

78. Participação nos lucros e incidência da contribuição previdenciária. *Revista de Previdência Social*, n. 168, nov. 1994, p. 853.

79. Proteção do trabalho da criança e do adolescente – considerações gerais. *BTC – Boletim Tributário Contábil – Trabalho e Previdência*, dez. 1994, n. 51, p. 625.

80. Critérios de não discriminação no trabalho. *Orientador Trabalhista Mapa Fiscal – Suplemento de Legislação, Jurisprudência e Doutrina*, n. 1/95, p. 103.

81. Embargos de declaração no processo do trabalho e a Lei n. 8.950/94 que altera o CPC. *Repertório IOB de Jurisprudência*, n. 3/95, fev. 1995, texto 2/9775, p. 41.
82. Empregado doméstico – Questões polêmicas. *Orientador Trabalhista Mapa Fiscal – Suplemento de Legislação, Jurisprudência e Doutrina*, n. 2/95, p. 152.
83. Não concessão de intervalo para refeição e pagamento de hora extra. *Orientador Trabalhista Mapa Fiscal – Suplemento de Legislação, Jurisprudência e Doutrina*, n. 3/95, p. 199.
84. Lei altera artigo da CLT e faz prover conflitos. *Revista Literária de Direito*, mar./abr. 1995, p. 13.
85. Empregados não sujeitos ao regime de duração do trabalho e o art. 62 da CLT. *Orientador Trabalhista Mapa Fiscal – Suplemento de Legislação, Jurisprudência e Doutrina*, n. 4/95, p. 240.
86. A Justiça do Trabalho não pode ser competente para resolver questões entre sindicato de empregados e empregador. *Revista Literária de Direito*, maio/jun. 1995, p. 10.
87. Minutos que antecedem e sucedem a jornada de trabalho. *Orientador Trabalhista Mapa Fiscal – Suplemento de Legislação, Jurisprudência e Doutrina*, n. 5/95, p. 297.
88. Práticas discriminatórias contra a mulher e a Lei n. 9.029/95. *Repertório IOB de Jurisprudência*, n. 11/95, jun. 1995, p. 149, texto 2/10157.
89. Conflito entre a nova legislação salarial e a norma coletiva anterior. *Orientador Trabalhista Mapa Fiscal – Suplemento de Legislação, Jurisprudência e Doutrina*, n. 6/95, p. 362.
90. Imunidade tributária. *Suplemento Tributário LTr*, 34/95, p. 241.
91. Cogestão. *Revista do Tribunal Regional do Trabalho da 8ª Região*, v. 28, n. 54, jan./jun. 1995, p. 101.
92. Licença-paternidade. *Orientador Trabalhista Mapa Fiscal – Suplemento de Legislação, Jurisprudência e Doutrina*, n. 7/95, p. 409.
93. Embargos de declaração. *Jornal do VII Congresso Brasileiro de Direito Processual de Trabalho*, São Paulo: LTr, 24 a 26 jul. 1995, p. 54.
94. Reforma da Constituição e direitos previdenciários. *Jornal do VIII Congresso Brasileiro de Previdência Social*, n. 179, out. 1995, p. 723.
95. Ação declaratória incidental e coisa julgada no processo do trabalho. *Suplemento Trabalhista LTr 099/95*, p. 665 e *Revista do TRT da 8ª Região*, Belém, v. 28, n. 55, jul./dez. 1995, p. 39.

SUMÁRIO

TRABALHOS DO AUTOR VII
    Livros VII
    Artigos VIII

NOTA DO AUTOR XVII

1. INTRODUÇÃO 1

2. HISTÓRICO 3
    2.1 Introdução 3
    2.2 Nos demais países 3
    2.3 No Brasil 4

3. CONCEITO 7

4. NATUREZA JURÍDICA 11

5. CLASSIFICAÇÃO 13

6. POSIÇÕES SOBRE A GREVE NO SERVIÇO PÚBLICO 15

7. EFICÁCIA DO INCISO VII DO ART. 37 DA LEI MAIOR 17

8. PESSOAS ENVOLVIDAS 23

9. LEI ESPECÍFICA 25

10. LIMITES AO DIREITO DE GREVE 37

11. GREVE E PAGAMENTO DE SALÁRIO 39
    11.1 Histórico 39
    11.2 Pagamento dos dias parados 40
    11.3 Conclusão 46

12. COMPETÊNCIA 47

13. DIREITO INTERNACIONAL 49

14. DIREITO ESTRANGEIRO 53
    14.1 Introdução 53
    14.2 Bélgica 55
    14.3 Bolívia 55
    14.4 Chile 55
    14.5 Espanha 56
    14.6 Estados Unidos 56
    14.7 França 57
    14.8 Itália 58
    14.9 México 60
    14.10 Paraguai 60
    14.11 Portugal 60
    14.12 Reino Unido 62
    14.13 Suécia 63
    14.14 Venezuela 63

15. CONCLUSÃO 65

REFERÊNCIAS 67

NOTA DO AUTOR

Ao estudar a greve no serviço público, verifiquei a dificuldade de obter trabalhos específicos sobre o assunto, pois os autores tratavam do tema em no máximo uma página, geralmente discutindo a aplicabilidade do inciso VII do art. 37 da Constituição. Os entendimentos sobre a interpretação desse artigo também não eram uniformes, além do que os autores não faziam referência a procedimentos de greve no serviço público.

Posteriormente, encontrei alguns textos da OIT sobre o assunto, assim como legislação estrangeira, que poderá ajudar a regulamentar a greve do servidor público no Brasil.

Em certo caso tinha um ponto de vista firmado, porém, estudando o tema, mudei completamente meu entendimento.

À medida que o estudo ia sendo feito, o texto foi aumentando.

Inicialmente, tinha a ideia de publicar um artigo de umas 10 páginas sobre o tema. Entretanto, o texto ficou muito grande. Restou impossível sua publicação como artigo, pois já tinha muitas páginas. Resolvi, assim, tentar fazer um pequeno livro.

Nesta edição, foram feitas as atualizações da legislação e foram trazidas as orientações do STF sobre o tema.

Espero que possa ajudar no estudo da matéria.

1
INTRODUÇÃO

A greve não ocorre apenas na fase do capitalismo, mas também nas diversas fases da história, em que os trabalhadores revoltavam-se contra o empregador, em razão das péssimas condições de trabalho e salariais que eram verificadas.

Juridicamente, a greve é uma simples faculdade. Politicamente, é uma liberdade necessária. Socialmente, é medida salutar. Filosoficamente, é um ensaio coletivo de constrangimento[1].

A greve não diz respeito apenas ao âmbito das empresas privadas, mas também ao serviço público. A greve no serviço público é uma realidade, pois muitas delas têm sido deflagradas nessa área.

A Administração Pública ainda é dividida em direta e indireta, tomando por base a orientação do Decreto-lei n. 200, de 25 de fevereiro de 1967, mesmo após a Constituição de 1988. A Administração Direta compreende os órgãos da União, Estados, Distrito Federal e Municípios. A Administração Indireta diz respeito às fundações, autarquias, sociedades de economia mista e empresas públicas que exploram atividade econômica[2].

Hely Lopes Meirelles afirma que a Administração Pública em sentido formal é o conjunto de órgãos instituídos para a consecução dos objetivos do governo; em sentido material, é o conjunto das funções necessárias aos serviços públicos em geral; em acepção operacional, é o desempenho perene e sistemático, legal e técnico, dos serviços próprios do Estado ou por ele assumidos em benefício da coletividade[3].

Servidor público é o gênero que compreende os funcionários públicos e os empregados públicos. Funcionários públicos são os trabalhadores regidos pelo regime legal, estatutário, de Direito Administrativo. Empregados públicos são os trabalhadores regidos pela CLT, contratados mediante um regime contratual e não legal ou estatutário. Ambos têm de prestar concurso público.

---

1. Apud GARCIA, Paulo. *Direito de greve*. Rio de Janeiro: Trabalhistas, 1961, p. 8.
2. No mesmo sentido: DI PIETRO, Maria Sylvia Zanella. *Direito administrativo*. 12. ed. São Paulo: Atlas, 2000, p. 347-348.
3. MEIRELLES, Hely Lopes. *Direito administrativo brasileiro*. 21. ed. São Paulo: Malheiros, 1996, p. 60.

Mesmo na Administração Pública Direta é possível encontrar funcionários públicos e empregados públicos.

No âmbito federal, os funcionários públicos são regidos pela Lei n. 8.112/90, que era o regime jurídico único, previsto na redação original do art. 39 da Constituição.

A Emenda Constitucional n. 19 alterou a redação do art. 39 da Constituição, não mais fazendo referência a regime jurídico único. Isso quer dizer que a Administração Pública Direta pode contratar pelo regime celetista, desde que exista lei para esse fim. A Lei n. 9.962/2000 permite a contratação de trabalhadores pelo regime celetista.

Nos âmbitos estadual, distrital e municipal, cada ente público tem norma específica, que tanto pode ser o regime estatutário, como o regime celetista ou, ainda, um regime misto, em que parte do pessoal é estatutária (geralmente, procuradores etc.) e parte é celetista.

Hely Lopes Meirelles leciona que agentes públicos são todas as pessoas incumbidas, definitiva ou transitoriamente, do exercício de alguma função estatal[4].

Esclarece o art. 2º da Lei n. 8.112/90 que "servidor é a pessoa legalmente investida em cargo público".

A greve no serviço público mostra uma das relações entre o Direito Administrativo e o Direito do Trabalho. A matéria é de Direito Administrativo, pois envolve a greve no serviço público e não nas empresas privadas, dependendo da regra prevista em lei para seu exercício ou para suas limitações. É um direito do servidor público. Por isso, é regra de Direito Administrativo. É preciso, portanto, discutir sobre a possibilidade da greve no serviço público e suas consequências.

---

4. MEIRELLES, Hely Lopes. *Direito administrativo brasileiro*, op. cit., p. 70.

2
HISTÓRICO

2.1 INTRODUÇÃO

Ao se examinar a greve no serviço público, há necessidade de lembrar seu desenvolvimento no decorrer do tempo, como também as novas concepções que foram surgindo com o passar dos lustros.

O Direito tem uma realidade histórico-cultural, não admitindo o estudo de qualquer de seus ramos sem que se tenha noção de seu desenvolvimento dinâmico no transcurso do tempo.

Ao estudar o passado, é possível compreender o desenvolvimento da ciência no decorrer dos anos, o que se mostra uma necessidade premente. Segundo as lições de Waldemar Ferreira: "nenhum jurista pode dispensar o contingente do passado a fim de bem compreender as instituições jurídicas dos dias atuais"[1].

Será analisada a evolução da greve no serviço público, principalmente do ponto de vista da legislação.

2.2 NOS DEMAIS PAÍSES

Havia uma praça em Paris onde os operários faziam suas reuniões quando estavam descontentes com as condições de trabalho ou na hipótese de paralisação dos serviços. Os empregadores também iam a esse local quando necessitavam de mão de obra. Naquela localidade, acumulavam-se gravetos trazidos pelas enchentes do rio Sena. Assim, surgiu o nome greve, originária a palavra *graveto*.

Na história mundial da greve, verifica-se que foi considerada delito, principalmente no sistema corporativo, depois passou a liberdade, no Estado liberal, e posteriormente a direito, nos regimes democráticos.

No Direito Romano e na Antiguidade, a greve era considerada como delito em relação aos trabalhadores livres, não se permitindo a reunião dos obreiros, nem sua associação.

---

1. FERREIRA, Waldemar. *História do direito brasileiro*. São Paulo: Saraiva, 1962, v. 1, p. 1.

A Lei Le Chapellier, de 1791, vedava qualquer forma de agrupamento profissional para defesa de interesses coletivos, pois considerava ilícita a existência de corpos intermediários entre o indivíduo e o Estado, segundo as ideias de Rousseau. O Código Penal de Napoleão, de 1810, punia com prisão e multa a greve de trabalhadores.

Na Inglaterra, o Combination Act, de 1799 e 1800, considerava crime de conspiração contra a Coroa a coalização dos trabalhadores para, por meio de pressão coletiva, conseguir aumento de salários ou melhores condições de trabalho.

Em 1825, na Inglaterra, e em 1864, na França, a legislação descriminalizou a simples coalização.

Na Itália, em 1947, passa-se a reconhecer a greve como um direito.

2.3 NO BRASIL

O § 7º do art. 157 da Constituição de 1967 proibia a greve no serviço público. Tinha o citado preceito a seguinte redação: "Não será permitida greve nos serviços públicos e atividades essenciais, definidas em lei".

Tinha o art. 162 da Emenda Constitucional n. 1, de 1969, a mesma redação do § 7º do art. 157 da Constituição de 1967; ele impedia, também, a greve no serviço público.

O art. 4º da Lei n. 4.330/64 vedava o exercício do direito de greve pelos funcionários e servidores da União, Estados, Territórios, Municípios e autarquias. Afirmava na época Amador Paes de Almeida que os funcionários públicos, "como agentes do Estado, não poderiam, sob pena de negação do próprio Estado, participar de qualquer movimento grevista"[2].

O primeiro substitutivo, de agosto de 1987, na Comissão de Sistematização da Constituinte, determinava no art. 69: "São assegurados, na forma da lei, ao servidor público civil o direito à livre associação sindical e o de greve". Os servidores militares não poderiam fazer greve (§ 3º do art. 72).

O segundo substitutivo, de setembro de 1987, previa no § 6º do art. 44 que "são assegurados ao servidor público civil o direito à livre associação sindical e o de greve, observado o disposto nos artigos 9º e 10 desta Constituição". Quanto aos militares, a vedação da greve estava no § 4º do art. 50.

Em julho de 1988, no segundo turno de votação, o Projeto B proibia a greve em relação aos militares (art. 43, § 5º), omitindo-se sobre os servidores públicos civis.

---

2. ALMEIDA, Amador Paes de. *A nova lei de greve*. São Paulo: Hemeron, 1964, p. 39.

O Projeto C, na redação final da Comissão de Redação, estabeleceu no inciso VII do art. 36: "o direito de greve será exercido nos termos e nos limites definidos em lei complementar".

A redação original do inciso VII do art. 37 da Constituição assim dispunha:

> Art. 37. A administração pública direta e indireta de qualquer dos Poderes da União, dos Estados, do Distrito Federal e dos Municípios obedecerá aos princípios de legalidade, impessoalidade, moralidade, publicidade e, também, ao seguinte:
>
> (...)
>
> VII – o direito de greve será exercido nos termos e nos limites definidos em lei complementar.

A referida lei complementar não foi editada pelo legislador.

A Emenda Constitucional n. 19, de 4 de junho de 1998, alterou a redação do *caput* do art. 37 da Constituição e também de seu inciso VII, determinando:

> Art. 37. A administração pública direta e indireta de qualquer dos Poderes da União, dos Estados, do Distrito Federal e dos Municípios obedecerá aos princípios da legalidade, impessoalidade, moralidade, publicidade e eficiência e, também, ao seguinte:
>
> (...)
>
> VII – o direito de greve será exercido nos termos e nos limites definidos em lei específica.

O § 6º do art. 150 da Constituição exige lei específica para ente tributante, ou seja, federal, estadual ou municipal, para que possa ser concedida a remissão.

O parcelamento será concedido na forma e condição estabelecidas em lei específica (art. 155-A do CTN). Logo, lei específica é a lei de cada ente da federação: União, Estados, Distrito Federal e Municípios.

Até o momento, a referida lei específica não foi expedida pelo legislador.

3
CONCEITO

O professor Cesarino Jr. dizia em suas aulas que toda exposição tem uma regra de ouro, que é definir *les termes*. Fazia com que os alunos começassem a exposição, apresentando uma definição do instituto de que iriam tratar. É o que se pretende fazer neste capítulo.

A greve pode ser considerada antes de tudo um fato social, estudado também pela Sociologia. Seria um fato social que não estaria sujeito à regulamentação jurídica. Representa uma forma de pressão dos trabalhadores sobre o empregador para que este atenda suas reivindicações. A greve de fome é um comportamento individual que não tem relação com o trabalho. Ocorre que da greve resultam efeitos que vão ser irradiados nas relações jurídicas, havendo, assim, necessidade de estudo por parte do Direito.

Num conceito amplo, a greve é um risco a que o trabalhador se sujeita.

A greve é ligada à existência da empresa, pois o empregado é o polo mais fraco na relação empregatícia.

O conceito de greve dependerá, contudo, de cada legislação, podendo ser entendida como direito ou liberdade, no caso de ser admitida, ou como delito, na hipótese de ser proibida.

Para Niceto Alcalá-Zamora y Castillo a greve é uma das técnicas de autocomposição para a solução dos conflitos[1].

Calamandrei afirma que a greve pode ser considerada como fato socialmente danoso, socialmente indiferente ou socialmente útil, o que implica a sua concepção como delito, como liberdade ou como direito[2].

Rivero e Savatier afirmam que "a greve é a cessação ajustada do trabalho pelos assalariados, para constranger o empregador, por meio dessa pressão, a aceitar seus pontos de vista sobre a questão que é objeto do litígio"[3].

---

1. ALCALÁ-ZAMORA Y CASTILLO, Niceto. *Proceso, autocomposición y autodefensa*. México: Unam, 1970.
2. CALAMANDREI, Piero. Significato costituzionale del dirittro di sciopero. In: *Il Diritto Sindacale*. Bologna: Mulino, 1971, p. 337.
3. RIVERO, Jean; SAVATIER, Jean. *Droit du travail*. 4. ed. Paris: Presses Universitaires, 1966, p. 180.

Paul Durand leciona que greve é:

> toda interrupção de trabalho, de caráter temporário, motivada por reivindicações suscetíveis de beneficiar todos ou parte do pessoal e que é apoiada por um grupo suficientemente representativo da opinião obreira[4].

Hélène Sinay declara que a greve: "é a recusa coletiva e combinada de trabalho, manifestando a intenção dos assalariados de se colocarem provisoriamente fora do contrato, a fim de assegurar o sucesso das suas reivindicações"[5].

Tais definições contêm aspecto comum no sentido de que a greve é instrumento de pressão.

Orlando Gomes e Elson Gottschalk definem a greve como: "uma declaração sindical que condiciona o exercício individual de um direito coletivo de suspensão temporária do trabalho, visando à satisfação de um interesse profissional"[6].

Paulo Garcia informa que a:

> greve é o abandono temporário e concertado do trabalho, numa ou mais empresas, estabelecimento ou serviço de qualquer natureza ou finalidade, para a defesa de interesses profissionais econômicos e sociais comuns aos trabalhadores[7].

O art. 2º da Lei n. 7.783/89 define a greve como a suspensão coletiva, temporária e pacífica, total ou parcial, de prestação pessoal de serviços a empregador.

Deverá a greve ser feita perante o tomador dos serviços, que poderá atender às reivindicações, o que mostra a vedação da greve realizada contra terceiros que não aquele.

Trata-se de suspensão coletiva, pois a suspensão do trabalho por apenas uma pessoa não irá constituir greve, mas poderá dar ensejo a dispensa por justa causa. A greve é, portanto, um direito coletivo e não de uma única pessoa. Só o grupo, que é o titular do direito, é que irá fazer greve. Deve haver, portanto, paralisação dos serviços, pois, se inexistir suspensão do trabalho, não há greve. Isso mostra que a greve de zelo, em que os empregados cumprem à risca as determinações e os regulamentos do tomador, esmerando-se na prestação dos serviços para provocar demora na produção, ou a "operação tartaruga", em que os trabalhadores fazem

---

4. DURAND, Paul. *La grève et le 'lockout' en droit français*: le droit du travail dans la communauté. Luxemburgo: Communauté Européen du Charbon et de l'Acier, 1961, v. 5, p. 207.
5. SINAY, Hélène. *La grève*: traité de droit du travail. Paris: Dalloz, 1966, p. 133.
6. GOMES, Orlando; GOTTSCHALK, Elson. *Curso de direito do trabalho*. Rio de Janeiro: Forense, 1990, p. 701.
7. GARCIA, Paulo. *Direito de greve*. Rio de Janeiro: Trabalhistas, 1961, p. 12.

o serviço com extremo vagar, não podem ser consideradas como greve diante de nossa legislação, em razão de que não há suspensão do trabalho[8].

A suspensão do trabalho deve ser temporária e não definitiva, visto que, se for por prazo indeterminado, poderá acarretar a cessação do contrato de trabalho. A paralisação definitiva do trabalho dá ensejo ao abandono de emprego, que caracteriza a justa causa.

A paralisação deve ser realizada de maneira pacífica, sendo vedado o emprego de violência. As reivindicações deverão ser feitas com ordem, sem qualquer violência a pessoas ou coisas.

Poderá a paralisação do trabalho ser realizada de maneira total ou parcial, podendo abranger todo o tomador ou apenas alguns setores ou seções deste. É possível, assim, que apenas os contínuos deixem de trabalhar, enquanto todos os demais funcionários continuem a prestação de serviços, embora quase sempre a paralisação seja da maior parte dos trabalhadores.

De acordo com a atual Constituição, a greve é, portanto, considerada um direito, um direito social dos trabalhadores, tratando-se de uma garantia fundamental, por estar inserida no Título II, "Dos Direitos e Garantias Fundamentais", da Lei Maior.

A greve, entretanto, não se confunde com o boicote. Este tem o significado de obstaculizar ou impedir o exercício da atividade do empregador, deixando de haver a cooperação com ele, mas sem causar danos materiais ou pessoais. A boicotagem remonta a 1880, quando o capitão James Boycott, administrador das propriedades de Lord Mayo, enfrentou uma oposição dos trabalhadores irlandeses, que para ele não trabalhavam, não compravam seus produtos, nem os vendiam, tendo ao final aquela pessoa que abandonar a cidade. Trata-se, portanto, de uma represália ou de uma guerra econômica por parte dos trabalhadores contra o patrão.

---

8. MARTINS, Sergio Pinto. *Direito do trabalho*. 32. ed. São Paulo: Saraiva, 2016, p. 1.240.

4
NATUREZA JURÍDICA

Analisar a natureza jurídica de um instituto é procurar enquadrá-lo na categoria a que pertence no ramo do Direito. É definir a essência do instituto analisado, no que ele consiste, inserindo-o no lugar a que pertence no ordenamento jurídico.

Alguns autores defendem a greve como fato social. Dessa forma, seria estudada apenas pela Sociologia e não pelo Direito.

Seria, ainda, a greve uma liberdade, decorrente do exercício de uma determinação lícita. Do ponto de vista da pessoa, do indivíduo, pode ser considerada como uma liberdade pública, pois o Estado deve garantir seu exercício. No que diz respeito à coletividade, seria um poder.

Há entendimentos de que a greve seria um direito potestativo, de que ninguém a ele poderia opor-se. A parte contrária terá de sujeitar-se ao exercício desse direito.

Alguns autores entendem que a greve poderia ser considerada como uma forma de autodefesa, em que uma parte imporia a solução do conflito a outra. Essa teoria sofre, contudo, a crítica de que a autodefesa é uma forma de resposta a uma agressão.

Pode-se analisar a natureza jurídica da greve sob os efeitos que provoca no contrato de trabalho: suspensão ou interrupção. Há suspensão se não ocorre o pagamento de salários, muito menos a contagem do tempo de serviço, e interrupção, quando se computa normalmente o tempo de serviço e há pagamento dos vencimentos.

A greve é um direito de coerção que visa à solução do conflito coletivo. É uma liberdade pública e um direito subjetivo da pessoa.

5
CLASSIFICAÇÃO

Várias classificações podem ser feitas quanto à greve. Quanto à legalidade ou abusividade, podem ser classificadas em:
a) greves lícitas, em que são atendidas as determinações legais;
b) greves ilícitas, em que as prescrições legais não são observadas;
c) greves abusivas, durante as quais são cometidos abusos, indo além da previsão contida na lei;
d) greves não abusivas, exercidas dentro das previsões da legislação e quando não são cometidos excessos.

Existem greves que são consideradas quanto a sua extensão:
a) greves globais, atingindo várias empresas, como a categoria;
b) greves parciais, que podem alcançar algumas empresas ou certos setores destas;
c) greves de empresa, que só ocorrem dentro desta.

A greve também pode ser considerada quanto a seu exercício: greve contínua, intermitente ou branca. A greve branca é greve, pois, apesar de os trabalhadores pararem de trabalhar e ficarem em seus postos de trabalho, há cessação da prestação dos serviços. Entretanto a "operação tartaruga", em que os empregados fazem seus serviços com extremo vagar, ou a greve de zelo, em que os trabalhadores se esmeram na produção ou acabamento do serviço, não podem ser consideradas como greve, pois não há a paralisação da prestação de serviço. Pode ainda ser lembrada a greve intermitente, de curta duração, que pode ser repetida várias vezes em várias etapas.

Há greves por objetivos, que podem ser políticos e de solidariedade. Políticas são aquelas em que há reivindicações ligadas a um aspecto macroeconômico, dizendo respeito a solicitações feitas de maneira genérica, inerentes ao governo. As greves de solidariedade são aquelas em que os trabalhadores se solidarizam com outros para fazer suas reivindicações.

6
POSIÇÕES SOBRE A GREVE NO SERVIÇO PÚBLICO

Argumenta-se que os servidores públicos seriam essenciais para a administração e para a prestação de serviços para a comunidade, razão pela qual não deveriam existir paralisações nesses serviços. A relação entre o funcionário público e o Estado é estatutária, devendo o primeiro obediência ao segundo. A paralisação comprometeria a continuidade de funções essenciais que são prestadas pelo Estado, como as de hospitais etc. Traria, assim, prejuízos a toda a comunidade. Haveria uma coincidência entre função pública e interesse público. Entre o interesse público e o interesse dos grevistas, deve prevalecer o primeiro. Durante muito tempo, foi proibida a greve no serviço público sob o argumento de ferir o princípio da continuidade do serviço público. Seria um fenômeno peculiar à empresa privada, não podendo ser exercitada contra o Estado, que não tem objetivo de lucro. Os funcionários públicos gozam de estabilidade e de aposentadoria integral em alguns países, representando vantagem que outros trabalhadores não têm e devendo uma lealdade irrestrita ao Estado, que implica a limitação de seus direitos, incluindo a greve.

Os direitos e deveres dos funcionários públicos são determinados em lei. Logo, resta impossível serem feitas reivindicações por meio de greve para a melhora das condições de trabalho. O § 3º do art. 39 da Constituição não reconhece como direito do funcionário público a negociação coletiva, pois não faz referência ao inciso XXVI do art. 7º da Lei Magna. Se o funcionário público não tem direito à negociação coletiva, não pode exercer o direito de greve enquanto não for promulgada norma específica para esse fim.

Outra corrente afirma que nem todos os servidores públicos exercem atividades essenciais, havendo empregados da área privada que prestam serviços muito mais importantes do que os de certos servidores públicos. A greve no serviço público seria decorrente do princípio da liberdade sindical. Seria a greve um ato de rebelião contra o Estado[1]. Somente seria impossível a greve no serviço

---

1. LÓPEZ MONÍS, Carlos. *O direito de greve*: experiências internacionais e doutrina da OIT. São Paulo: LTr, 1986, p. 23.

público em relação a certas atividades que implicassem perigo à vida, à segurança e à saúde da população.

A regra do inciso VII do art. 37 da Constituição representa uma modificação à orientação de que o servidor público não pode fazer greve, sendo mitigado o princípio da continuidade da prestação do serviço público. Pode-se dizer agora que a greve é um direito do servidor público. Só é vedada a greve ao militar, conforme o inciso IV do § 3º do art. 142 da Constituição. A proibição de greve dos militares é justificada sob o fundamento de que têm de observar regime rígido e hierárquico. Ao militar é proibida inclusive a sindicalização.

Não se confunde greve de servidor público e greve em serviços essenciais. Há serviços essenciais que são desenvolvidos pela atividade privada e não por servidores públicos.

7
EFICÁCIA DO INCISO VII DO ART. 37 DA LEI MAIOR

Toda norma constitucional tem eficácia, produzindo efeitos. Algumas dessas normas têm eficácia absoluta e plena. Outras têm eficácia limitada, e outras, eficácia contida[1].

As normas constitucionais de eficácia plena e aplicabilidade imediata não necessitam de complementação pela legislação ordinária, como as que determinam que o adicional de horas extras é de 50% (art. 7º, XVI) e o aviso prévio é de 30 dias (art. 7º, XXI).

Dependem as normas constitucionais de eficácia limitada da edição de lei que venha a complementar sua eficácia. Somente quando for editada essa lei, terão eficácia plena. Esclarece Vezio Crisafulli que as normas constitucionais de eficácia limitada são as que dependem "de emissão de uma normatividade futura, em que o legislador ordinário, integrando-lhes a eficácia, mediante lei (...), lhes dê capacidade de execução em termos de regulamentação daqueles interesses visados"[2]. É o que ocorre com o aviso prévio proporcional ao tempo de serviço (art. 7º, XXI), por ser dependente de lei ordinária para completar a eficácia do preceito constitucional.

Normas de eficácia contida independem de lei para sua aplicabilidade plena. A lei apenas conterá seu alcance. Enquanto essa lei não for editada, a norma pode ser aplicada integralmente. É o que ocorre com o inciso XIII do art. 5º da Constituição, quando determina que é livre o exercício de qualquer trabalho, ofício ou profissão, atendidas as qualificações profissionais que a lei estabelecer. Enquanto não for instituída a referida lei, é plena a eficácia da norma constitucional, pois é livre o exercício da profissão.

Os autores não são unânimes sobre a eficácia do inciso VII do art. 37 da Constituição.

A primeira corrente entende que a norma constitucional é de eficácia limitada, não sendo autoaplicável.

---
1. A referida classificação é adotada por: SILVA, José Afonso da. *Aplicabilidade das normas constitucionais*. São Paulo: Revista dos Tribunais, 1968, p. 78.
2. CRISAFULLI, Vezio. *La costituzione e le sue disposizioni di principio*. Milano: Giuffrè, 1952, p. 159.

Manoel Gonçalves Ferreira Filho menciona que o inciso VII do art. 37 da Constituição é uma norma de "caráter programático, não tem aplicabilidade imediata. Com efeito, o direito de greve do servidor haverá de ser exercido nos termos e limites de lei complementar que deverá ser editada para regulá-lo"[3]. O problema é que a referida lei nunca foi estabelecida, além do que a Lei n. 8.112/90 não trata do tema.

José Afonso da Silva declara que:

> o texto constitucional não avançou senão timidamente, estabelecendo que o direito de greve dos servidores públicos será exercido nos termos e limites definidos em lei complementar, o que, na prática, é quase o mesmo que recusar o direito prometido; primeiro porque, se a lei não vier, o direito inexistirá; segundo porque, vindo, não há parâmetro para seu conteúdo, tanto pode ser mais aberta como mais restritiva. Depende da correlação de forças. Por isso, é melhor constar o direito com esses condicionamentos de que não ser constitucionalmente reconhecido[4].

Leciona José Cretella Jr. que:

> os termos da lei complementar é que dirão quando o direito de greve poderá ser exercido pelo servidor público, assim como quais, dentre os serviços públicos, os que podem ser paralisados e os que não podem ser objeto de greve[5].

Celso Bastos assevera que a eficácia do inciso depende de lei integradora:

> Embora não se desconheça o fato de que mesmo as normas demandantes de integração produzem certos efeitos, no caso não há possibilidade alguma, em nosso entender, de se invocar o preceito constitucional para legitimar greves exercidas no setor público, sobretudo na Administração centralizada. A absoluta ausência de normatividade complementar priva o preceito de eficácia. A prática da greve nesse setor torna-se necessariamente ilegal por falta de escoro jurídico[6].

Maria Sylvia Zanella di Pietro afirma que o inciso VII do art. 37 da Constituição depende de lei[7] e, assim, não é autoaplicável.

Ivan Barbosa Rigolin informa que o direito de greve depende da edição da lei complementar exigida pela norma constitucional[8].

Orlando Teixeira da Costa pondera que:

---

3. FERREIRA FILHO, Manoel Gonçalves. *Comentários à Constituição brasileira de 1988*. São Paulo: Saraiva, 1990, v. 1, p. 249.
4. SILVA, José Afonso da. *Curso de direito constitucional positivo*. 13. ed. São Paulo: Malheiros, 1997, p. 639.
5. CRETELLA JR., José. *Comentários à Constituição de 1988*. Rio de Janeiro: Forense Universitária, 1991, v. 4, p. 220.
6. BASTOS, Celso Ribeiro. *Comentários à Constituição do Brasil*. São Paulo: Saraiva, 1992. v. 3, t. III, p. 89-90.
7. PIETRO, Maria Sylvia Zanella di. *Direito administrativo*. 12. ed. São Paulo: Atlas, 2000, p. 441.
8. RIGOLIN, Ivan Barbosa. *O servidor público na Constituição de 1988*. São Paulo: Saraiva, 1989, p. 183.

a norma do art. 37, inciso VII, constitui exceção ao mandamento genérico que assegura o direito de greve, pois subordina esse direito, no que diz respeito ao seu exercício na administração pública direta, indireta ou fundacional, de qualquer dos Poderes da União, dos Estados, do Distrito Federal e dos Municípios, a uma lei complementar definidora dos seus termos e limites[9].

Eduardo Gabriel Saad entende que o inciso VII do art. 37 da Constituição não é uma regra de imediata aplicação. Enquanto não for editada a lei referida no inciso: "o direito de greve não pode ser exercido pelo servidor público"[10].

Esclarece Almir Pazzianoto Pinto que: "até que a lei complementar entre em vigor, as paralisações coletivas de servidores públicos civis estarão se chocando com a Constituição recentemente promulgada"[11].

A corrente que entende que há eficácia contida da norma constitucional em exame é defendida por Octavio Bueno Magano, Antônio Álvares da Silva, Dirceu B. Pinto Júnior e Celso Antônio Bandeira de Mello. Pondera-se que a greve do servidor público era proibida e agora é prevista na própria Constituição, sendo, portanto, permitida. Se se condicionar o direito de greve do servidor público à edição de lei complementar, o trabalhador será privado do referido direito.

Octavio Bueno Magano tem ponto de vista em sentido diametralmente oposto ao dos autores mencionados, lecionando que:

> quanto aos servidores em atividades de caráter administrativo, ficou ao alvedrio do legislador ordinário estabelecer, para o seu exercício, as restrições que lhe pareçam oportunas (art. 37, VII). Enquanto, porém, não o fizer, há de se entender que tais servidores poderão exercer o direito de greve nos termos dos demais trabalhadores. Essa conclusão se impõe porque, como é sabido, todos os preceitos constitucionais são dotados de eficácia. Falando o art. 37, VII, da Lei Magna, em exercício do direito de greve, para que não haja arbítrio na determinação dos limites do seu exercício, analogicamente, estes haverão de ser os mesmos estabelecidos para os demais trabalhadores, com a ressalva de que lei complementar regulamentadora do mesmo preceito poderá restringi-lo[12].

Antônio Álvares da Silva leciona que, como foi garantido:

> ao servidor público civil o direito de greve e não existindo a lei complementar referida no texto constitucional para definir-lhe os "termos" e "limites", o direito será exercido de forma "ilimitada".

---

9. COSTA, Orlando Teixeira da. *Direito coletivo do trabalho e crise econômica*. São Paulo: LTr, 1991, p. 186.
10. SAAD, Eduardo Gabriel. *Constituição e direito do trabalho*. 2. ed. São Paulo: LTr, 1989, p. 226.
11. PINTO, Almir Pazzianoto. O servidor público civil – sindicalização – direito de greve, *Revista LTr*, v. 54, fev. 1990, p. 158.
12. MAGANO, Octavio Bueno. *Sindicalização e direito de greve dos servidores públicos*: curso de direito constitucional do trabalho. Estudos em homenagem ao prof. Amauri Mascaro Nascimento. São Paulo: LTr, 1991, v. 2, p. 298.

Os limites estariam nas garantias constitucionais, nas leis de ordem pública, no ilícito civil e penal, nas disposições de ordem administrativa, na Lei n. 8.112/90[13].

Dirceu B. Pinto Júnior esclarece que, enquanto não for promulgada a lei complementar, nenhuma restrição pode ser imposta ao direito de greve do servidor público, por se tratar de direito fundamental de aplicação imediata, em razão do disposto no § 1º do art. 5º da Constituição[14].

O § 1º do art. 5º da Constituição não pode ser utilizado como argumento para a aplicabilidade do inciso VII do art. 37 da Lei Maior, pois a greve não é um direito fundamental. Os direitos fundamentais estão previstos no art. 5º da Constituição. Nem a greve na área privada (art. 9º) e muito menos a greve dos servidores públicos (art. 37, VII) estão inseridas na parte da Constituição que regula os direitos e garantias fundamentais. Logo, tal argumento não pode ser levado em consideração.

Não pode também ser utilizado o § 2º do art. 5º da Lei Magna como fundamento para o direito pleno de greve do servidor público, pois inexiste tratado ou convenção internacionais ratificados pelo Brasil que permitam o citado direito.

Celso Antônio Bandeira de Mello esclarece que a greve dos servidores públicos:

> é exercitável desde logo, antes mesmo de editada a sobredita norma complementar, que lhe estabelecerá os limites. Trata-se de norma de eficácia contida, segundo a terminologia adotada por José Afonso da Silva. Advirta-se, apenas, que a greve não poderá deixar sem atendimento as "necessidades inadiáveis" da comunidade, a serem identificadas segundo um critério de "razoabilidade", pois a obrigação de supri-la está constitucionalmente prevista, até mesmo para os trabalhadores em geral, conforme § 1º do art. 9º[15].

O STF julgou a eficácia do inciso VII do art. 37 da Lei Maior em mandado de injunção impetrado pela Confederação dos Servidores Públicos do Brasil, denunciando a omissão do Congresso Nacional na regulamentação do direito de greve para os servidores públicos civis. Entendeu que o servidor público não pode exercer o direito de greve antes que seja editada a lei complementar de que trata o inciso VII do art. 37 da Constituição, em sua redação original:

> Mandado de Injunção Coletivo – Direito de Greve do Servidor Público Civil – Evolução do constitucionalismo brasileiro – Modelos normativos no direito comparado – Prerrogativa

---

13. SILVA, Antônio Álvares da. *Os servidores públicos e o direito do trabalho*. São Paulo, LTr, 1993, p. 114.
14. PINTO JÚNIOR, Dirceu B. Greve e sindicalização dos servidores públicos. *Revista do TRT da 9ª Região*, v. XV, n. 2, p. 32, jul./dez. 1990.
15. MELLO, Celso Antônio Bandeira de. *Regime constitucional dos servidores da administração direta e indireta*. 2. ed. São Paulo: Revista dos Tribunais, 1991, p. 101.

jurídica assegurada pela Constituição (art. 37, VII) – Impossibilidade de seu exercício antes da edição de Lei Complementar – Omissão Legislativa – Hipótese de sua configuração – Reconhecimento do Estado de Mora do Congresso Nacional – Impetração por entidade de classe – Admissibilidade – *Writ* Concedido (MI 20-4/DF, rel. Min. Celso de Mello, j. 19-5-94, *LTr* 58-06/647).

O julgamento do STF foi feito na época em que havia greve na Polícia Federal.

Analisou o STF o Mandado de Injunção 438/GO, reiterando a mesma orientação anterior, por meio do voto do relator, Min. Néri da Silveira, em 11 de novembro de 1994.

O STF julgou mandado de injunção declarando o Congresso Nacional em mora para o estabelecimento da lei para regular o inciso VII do art. 37 da Constituição (MI 29-4, rel. Min. Celso de Mello, *LTr* 58-94). No mesmo sentido: MI 485/MT, rel. Min. Maurício Corrêa, j. 25.10.07, *DJU* 23-8-2002, p. 71).

Com base na orientação do STF, é possível dizer que a norma contida no inciso VII do art. 37 da Constituição é de eficácia limitada, pois somente quando for editada a lei específica à qual faz referência o referido texto é que o servidor público poderá fazer greve. O direito de greve do servidor público só pode ser exercido nos termos e nos limites definidos em lei específica e não de outra forma. Se não há termos e limites definidos, a greve do servidor público não pode ser realizada. Enquanto não for instituída a lei complementar, não é possível, nem legítimo, o exercício do direito de greve do servidor público, tornando-o inviável.

Como até o momento não foi editada a lei específica sobre o direito de greve dos servidores públicos, o direito está impedido de ser exercido.

O legislador constituinte está em débito em relação à lei específica para o direito de greve do servidor público. A norma deveria ter sido editada em tempo razoável, sob pena de inviabilizar o direito dos servidores. Passados mais de 12 anos da edição da Constituição de 1988, o inciso VII do art. 37 da Constituição está ainda destituído de eficácia plena.

O STF diz que se aplica a Lei n.º 7.783/89 enquanto não for editada a lei específica (MI 708-DF, Rel. Min. Gilmar Mendes, j. 25.10.07).

8
PESSOAS ENVOLVIDAS

O inciso VII do art. 37 da Lei Magna diz respeito a qualquer servidor público ou apenas ao funcionário público?

O *caput* do art. 37 faz referência à Administração Pública direta e indireta de qualquer dos Poderes da União, dos Estados, do Distrito Federal e dos Municípios. Está inserido o referido artigo no Capítulo VII, "Da Administração Pública", Seção I, "Disposições Gerais", da Constituição. Não são usadas as expressões *servidor público* ou *funcionário público* tanto no *caput* como na denominação do capítulo ou da seção. O inciso VII trata do direito de greve, mas também não é expresso sobre o direito de greve do servidor público ou do funcionário público. A interpretação sistemática do inciso VI do mesmo artigo evidencia que versa o inciso VII do art. 37 sobre a greve do servidor público civil, pois o primeiro é textual sobre o direito do servidor público civil à associação sindical e é vedada a greve do militar (art. 142, § 3º, IV, da Constituição). Logo, o inciso VII dispõe também sobre greve do servidor público civil, porém deve ser interpretado sistematicamente com outros dispositivos da Constituição.

Os servidores celetistas da Administração Pública direta podem fazer greve, porém suas reivindicações não podem ser atendidas pelo Estado por meio de negociação coletiva, em razão de que o § 3º do art. 39 da Lei Magna não se reporta ao inciso XXVI do art. 7º da mesma norma, mas somente de acordo com a previsão da lei, conforme o princípio da reserva legal (art. 37, *caput* da Lei Maior). Mostra a alínea *a*, do inciso II, do § 1º, do art. 61 da Constituição a impossibilidade da concessão de aumento salarial por negociação coletiva, pois "a criação de cargos, funções ou empregos públicos na administração direta e autárquica ou aumento de sua remuneração" só pode ser feita mediante lei de iniciativa privativa do presidente da República. Assim, as reivindicações dos trabalhadores ficam mitigadas ante os dispositivos citados. A norma a ser aplicada será a Lei n. 7.783/89.

Quanto aos funcionários públicos de parte da Administração indireta, mais especificamente das fundações e autarquias, não poderão fazer greve enquanto não houver a lei específica sobre greve no serviço público.

Os empregados das empresas de economia mista e empresas públicas que explorem atividade econômica poderão fazer greve, pois tais empresas têm natureza privada (art. 173, § 1º, II, da Constituição), sendo aplicável a legislação trabalhista sobre greve, que é a Lei n. 7.783/89. A interpretação sistemática da Constituição mostra a mesma orientação, como se depreende da alínea *a* do inciso II do § 1º de seu art. 61, ao dispor sobre lei de iniciativa do presidente da República para aumento de vencimentos para a Administração direta e autárquica, porém sem fazer referência às empresas públicas que explorem atividade econômica e sociedades de economia mista. Isso quer significar que tais empresas podem fazer negociação coletiva para aumentar salários e para estabelecer outras condições de trabalho, não havendo necessidade de lei de iniciativa do presidente da República sobre o tema. Importa, também, dizer que os funcionários de tais empresas podem fazer greve. É o que ocorre com os empregados da Petrobrás, que são regidos pela CLT, podendo fazer greve e sujeitando-se às disposições da Lei n. 7.783/89.

Na Reclamação 6.588-SP, o STF afirmou a impossibilidade do exercício de greve não apenas pelos policiais militares, mas para atividades que envolvam manutenção da ordem, segurança e saúde públicas.

Na Ação Cautelar 3.034-DF, o Min. Cezar Peluso suspende a greve dos policiais civis do Distrito Federal. Eles não podem fazer greve.

Na ARE 654.432 foi dito que os policiais civis do Estado de Goiás não têm direito de greve, que é vedada a todos os servidores públicos nos setores de segurança pública (rel. Min. Alexandre de Moraes, j. 5-4-2017).

9
LEI ESPECÍFICA

O art. 9º da Constituição não será utilizado para complementar o inciso VII do art. 37 da mesma norma, pois a greve dos servidores públicos dependerá de lei específica para a regular. Trata o art. 9º da Lei Magna da greve dos trabalhadores da área privada, enquanto o segundo dispositivo versa sobre a greve dos servidores públicos.

É preciso verificar qual o conceito de *lei específica* que o legislador constituinte empregou no inciso VII do art. 37 da Lei Magna.

A palavra *específico* vem do latim *specificu*. Aurélio Buarque de Holanda esclarece que "específico" tem o sentido de *relativo a*, ou *próprio de espécie, especial*. Na lógica, quer dizer o que pertence à espécie. Seu antônimo é *genérico*.

Lei específica significa lei ordinária. Já não se trata de lei complementar, pois o constituinte não mais dispôs nesse sentido, para a qual era exigido *quorum* de maioria absoluta (art. 69 da Constituição).

A lei específica deveria ser da União, regulando a questão de forma nacional e uniforme para todos os entes públicos da federação. Afirma Ivani Contini Bramante que: "o comando, ao referir-se à *lei específica*, trata de direito que deve ser regulamentado por lei ordinária federal, aplicável a todas as esferas de governo, de alcance geral"[1]. Seria, porém, a lei de competência da União se fosse a antiga lei complementar de que tratava a redação original do inciso VII do art. 37 da Lei Maior, pois tal norma é votada na Câmara dos Deputados e no Senado Federal, como se depreende do art. 61 da Lei Magna.

Diz respeito, porém, a lei específica a cada esfera da Administração Pública direta, como em relação à União, Estados, Distrito Federal e Municípios. Cada um dos entes citados poderá ter lei específica sobre greve no serviço público, pois a matéria servidor público não é de competência privativa da União[2]. É, portanto, lei própria de cada ente da federação.

---

1. BRAMANTE, Ivani Contini. Direito constitucional de greve dos servidores públicos – Eficácia limitada ou plena? (Emenda Constitucional n. 19), *Repertório IOB de Jurisprudência*, n. 22/98, texto 1/12882, p. 567, nov. 1998.
2. No mesmo sentido: DI PIETRO, Maria Sylvia Zanella. *Direito administrativo*. 12. ed. São Paulo: Atlas, 2000, p. 441.

Será a *lei específica* norma que irá regular matéria de Direito Administrativo, que é a greve do servidor público e não de Direito do Trabalho. Por esse motivo, não se aplica o inciso I do art. 22 da Constituição, que menciona que a União tem competência para legislar sobre Direito do Trabalho.

Em se tratando de matéria de Direito Administrativo e, mais especificamente, de servidor público, cada ente da federação tem competência para estabelecer regras sobre direito de greve para seus funcionários, versando cada ente sobre o assunto de forma específica para seus trabalhadores. Esse é o significado de *lei específica*, pois, do contrário, o constituinte teria dito que a matéria seria regulada por lei ordinária ou por lei, que seria a comum, a ordinária, de competência da União. Empregou, porém, a palavra *específica*, que concerne a cada ente da federação, sendo apropriada, para cada uma delas.

Dessa forma, haverá uma lei específica, ordinária, editada pelo Congresso Nacional para tratar da greve dos servidores públicos da União. Existirá outra lei ordinária votada pela Assembleia Legislativa para prever a greve dos servidores públicos estaduais. No mesmo sentido, haverá lei ordinária no Distrito Federal para o mesmo fim. Em cada município, haverá lei ordinária tratando do tema, editada pela respectiva Câmara dos Vereadores.

A Lei n. 7.783/89 pode ser aplicada em relação aos funcionários públicos? Não. A redação original do inciso VII do art. 37 da Constituição mencionava a existência de edição de lei complementar. A Lei n. 7.783 é lei ordinária, que não tem eficácia de lei complementar. Dispõe o art. 16 da Lei n. 7.783/89 que, "para os fins previstos no art. 37, VII, da Constituição, lei complementar definirá os termos e os limites em que o direito de greve poderá ser exercido". Isso significa que a Lei n. 7.783/89 não regula a greve no serviço público nem poderia, pois não era a lei complementar exigida pela Constituição na época. A Lei n. 7.783/89 trata da greve no âmbito privado e não na área pública. O fato de a Lei n. 7.783/89 regular serviços essenciais e inadiáveis para a comunidade não implica dizer que versa sobre serviços públicos. O art. 2º da Lei n. 7.783 faz referência a empregador, para efeito de definir o que é greve. Entretanto, o ente público não é empregador do funcionário público, pois a relação é estatutária e não contratual.

O STF, por maioria, entendeu de aplicar ao servidor público a Lei n. 7.783/89, enquanto não for editada a lei específica de que trata a Constituição (MI 712, rel. Min. Eros Grau, *DJU* 6-11-2007). A referida norma dispõe sobre o exercício do direito de greve, define as atividades essenciais, regula o atendimento das necessidades inadiáveis da comunidade, e dá outras providências. O art. 2º da citada norma menciona que a greve é exercida contra o empregador. O art. 16 da referida norma declara que será editada lei para definir os termos e os limites em que o direito de greve do servidor público poderá ser exercido. Logo, ela não pode ser aplicada ao servidor público.

Afirmou o STF que se aplica a Lei n. 7.783/89 na greve de funcionário público (MI 708-DF, rel. Min. Gilmar Mendes, j. 25-10-2007, *DJe* 206, de 31-10-2008):

> MANDADO DE INJUNÇÃO. GARANTIA FUNDAMENTAL (CF, ART. 5º, INCISO LXXI). DIREITO DE GREVE DOS SERVIDORES PÚBLICOS CIVIS (CF, ART. 37, INCISO VII). EVOLUÇÃO DO TEMA NA JURISPRUDÊNCIA DO SUPREMO TRIBUNAL FEDERAL (STF). DEFINIÇÃO DOS PARÂMETROS DE COMPETÊNCIA CONSTITUCIONAL PARA APRECIAÇÃO NO ÂMBITO DA JUSTIÇA FEDERAL E DA JUSTIÇA ESTADUAL ATÉ A EDIÇÃO DA LEGISLAÇÃO ESPECÍFICA PERTINENTE, NOS TERMOS DO ART. 37, VII, DA CF. EM OBSERVÂNCIA AOS DITAMES DA SEGURANÇA JURÍDICA E À EVOLUÇÃO JURISPRUDENCIAL NA INTERPRETAÇÃO DA OMISSÃO LEGISLATIVA SOBRE O DIREITO DE GREVE DOS SERVIDORES PÚBLICOS CIVIS, FIXAÇÃO DO PRAZO DE 60 (SESSENTA) DIAS PARA QUE O CONGRESSO NACIONAL LEGISLE SOBRE A MATÉRIA. MANDADO DE INJUNÇÃO DEFERIDO PARA DETERMINAR A APLICAÇÃO DAS LEIS N. 7.701/1988 E 7.783/1989.
>
> 1. SINAIS DE EVOLUÇÃO DA GARANTIA FUNDAMENTAL DO MANDADO DE INJUNÇÃO NA JURISPRUDÊNCIA DO SUPREMO TRIBUNAL FEDERAL (STF).
>
> 1.1. No julgamento do MI n. 107/DF, Rel. Min. Moreira Alves, DJ 21-9-1990, o Plenário do STF consolidou entendimento que conferiu ao mandado de injunção os seguintes elementos operacionais: i) os direitos constitucionalmente garantidos por meio de mandado de injunção apresentam-se como direitos à expedição de um ato normativo, os quais, via de regra, não poderiam ser diretamente satisfeitos por meio de provimento jurisdicional do STF; ii) a decisão judicial que declara a existência de uma omissão inconstitucional constata, igualmente, a mora do órgão ou poder legiferante, insta-o a editar a norma requerida; iii) a omissão inconstitucional tanto pode referir-se a uma omissão total do legislador quanto a uma omissão parcial; iv) a decisão proferida em sede do controle abstrato de normas acerca da existência, ou não, de omissão é dotada de eficácia *erga omnes*, e não apresenta diferença significativa em relação a atos decisórios proferidos no contexto de mandado de injunção; iv) o STF possui competência constitucional para, na ação de mandado de injunção, determinar a suspensão de processos administrativos ou judiciais, com o intuito de assegurar ao interessado a possibilidade de ser contemplado por norma mais benéfica, ou que lhe assegure o direito constitucional invocado; v) por fim, esse plexo de poderes institucionais legitima que o STF determine a edição de outras medidas que garantam a posição do impetrante até a oportuna expedição de normas pelo legislador.
>
> 1.2. Apesar dos avanços proporcionados por essa construção jurisprudencial inicial, o STF flexibilizou a interpretação constitucional primeiramente fixada para conferir uma compreensão mais abrangente à garantia fundamental do mandado de injunção. A partir de uma série de precedentes, o Tribunal passou a admitir soluções "normativas" para a decisão judicial como alternativa legítima de tornar a proteção judicial efetiva (CF, art. 5º, XXXV). Precedentes: MI n. 283, Rel. Min. Sepúlveda Pertence, *DJ* 14-11-1991; MI n. 232/RJ, Rel. Min. Moreira Alves, *DJ* 27-3-1992; MI n. 284, Rel. Min. Marco Aurélio, Red. para o acórdão Min. Celso de Mello, *DJ* 26-6-1992; MI n. 543/DF, Rel. Min. Octavio Gallotti, *DJ* 24-5-2002; MI n. 679/DF, Rel. Min. Celso de Mello, *DJ* 17-12-2002; e MI n. 562/DF, Rel. Min. Ellen Gracie, *DJ* 20-6-2003.
>
> 2. O MANDADO DE INJUNÇÃO E O DIREITO DE GREVE DOS SERVIDORES PÚBLICOS CIVIS NA JURISPRUDÊNCIA DO STF.

2.1. O tema da existência, ou não, de omissão legislativa quanto à definição das possibilidades, condições e limites para o exercício do direito de greve por servidores públicos civis já foi, por diversas vezes, apreciado pelo STF. Em todas as oportunidades, esta Corte firmou o entendimento de que o objeto do mandado de injunção cingir-se-ia à declaração da existência, ou não, de mora legislativa para a edição de norma regulamentadora específica. Precedentes: MI n. 20/DF, Rel. Min. Celso de Mello, *DJ* 22-11-1996; MI n. 585/TO, Rel. Min. Ilmar Galvão, *DJ* 2-8-2002; e MI n. 485/MT, Rel. Min. Maurício Corrêa, *DJ* 23-8-2002.

2.2. Em alguns precedentes (em especial, no voto do Min. Carlos Velloso, proferido no julgamento do MI n. 631/MS, Rel. Min. Ilmar Galvão, *DJ* 2-8-2002), aventou-se a possibilidade de aplicação aos servidores públicos civis da lei que disciplina os movimentos grevistas no âmbito do setor privado (Lei n. 7.783/1989).

3. DIREITO DE GREVE DOS SERVIDORES PÚBLICOS CIVIS. HIPÓTESE DE OMISSÃO LEGISLATIVA INCONSTITUCIONAL. MORA JUDICIAL, POR DIVERSAS VEZES, DECLARADA PELO PLENÁRIO DO STF. RISCOS DE CONSOLIDAÇÃO DE TÍPICA OMISSÃO JUDICIAL QUANTO À MATÉRIA. A EXPERIÊNCIA DO DIREITO COMPARADO. LEGITIMIDADE DE ADOÇÃO DE ALTERNATIVAS NORMATIVAS E INSTITUCIONAIS DE SUPERAÇÃO DA SITUAÇÃO DE OMISSÃO.

3.1. A permanência da situação de não regulamentação do direito de greve dos servidores públicos civis contribui para a ampliação da regularidade das instituições de um Estado democrático de Direito (CF, art. 1º). Além de o tema envolver uma série de questões estratégicas e orçamentárias diretamente relacionadas aos serviços públicos, a ausência de parâmetros jurídicos de controle dos abusos cometidos na deflagração desse tipo específico de movimento grevista tem favorecido que o legítimo exercício de direitos constitucionais seja afastado por uma verdadeira "lei da selva".

3.2. Apesar das modificações implementadas pela Emenda Constitucional n. 19/1998 quanto à modificação da reserva legal de lei complementar para a de lei ordinária específica (CF, art. 37, VII), observa-se que o direito de greve dos servidores públicos civis continua sem receber tratamento legislativo minimamente satisfatório para garantir o exercício dessa prerrogativa em consonância com imperativos constitucionais.

3.3. Tendo em vista as imperiosas balizas jurídico-políticas que demandam a concretização do direito de greve a todos os trabalhadores, o STF não pode se abster de reconhecer que, assim como o controle judicial deve incidir sobre a atividade do legislador, é possível que a Corte Constitucional atue também nos casos de inatividade ou omissão do Legislativo.

3.4. A mora legislativa em questão já foi, por diversas vezes, declarada na ordem constitucional brasileira. Por esse motivo, a permanência dessa situação de ausência de regulamentação do direito de greve dos servidores públicos civis passa a invocar, para si, os riscos de consolidação de uma típica omissão judicial.

3.5. Na experiência do direito comparado (em especial, na Alemanha e na Itália), admite-se que o Poder Judiciário adote medidas normativas como alternativa legítima de superação de omissões inconstitucionais, sem que a proteção judicial efetiva a direitos fundamentais se configure como ofensa ao modelo de separação de poderes (CF, art. 2º).

4. DIREITO DE GREVE DOS SERVIDORES PÚBLICOS CIVIS. REGULAMENTAÇÃO DA LEI DE GREVE DOS TRABALHADORES EM GERAL (LEI N. 7.783/1989). FIXAÇÃO DE PARÂMETROS DE CONTROLE JUDICIAL DO EXERCÍCIO DO DIREITO DE GREVE PELO LEGISLADOR INFRACONSTITUCIONAL.

4.1. A disciplina do direito de greve para os trabalhadores em geral, quanto às "atividades essenciais", é especificamente delineada nos arts. 9º a 11 da Lei n. 7.783/1989. Na hipótese de aplicação dessa legislação geral ao caso específico do direito de greve dos servidores públicos, antes de tudo, afigura-se inegável o conflito existente entre as necessidades mínimas de legislação para o exercício do direito de greve dos servidores públicos civis (CF, art. 9º, *caput*, c/c art. 37, VII), de um lado, e o direito a serviços públicos adequados e prestados de forma contínua a todos os cidadãos (CF, art. 9º, § 1º), de outro. Evidentemente, não se outorgaria ao legislador qualquer poder discricionário quanto à edição, ou não, da lei disciplinadora do direito de greve. O legislador poderia adotar um modelo mais ou menos rígido, mais ou menos restritivo do direito de greve no âmbito do serviço público, mas não poderia deixar de reconhecer direito previamente definido pelo texto da Constituição. Considerada a evolução jurisprudencial do tema perante o STF, em sede do mandado de injunção, não se pode atribuir amplamente ao legislador a última palavra acerca da concessão, ou não, do direito de greve dos servidores públicos civis, sob pena de se esvaziar direito fundamental positivado. Tal premissa, contudo, não impede que, futuramente, o legislador infraconstitucional confira novos contornos acerca da adequada configuração da disciplina desse direito constitucional.

4.2 Considerada a omissão legislativa alegada na espécie, seria o caso de se acolher a pretensão, tão somente no sentido de que se aplique a Lei n. 7.783/1989 enquanto a omissão não for devidamente regulamentada por lei específica para os servidores públicos civis (CF, art. 37, VII).

4.3 Em razão dos imperativos da continuidade dos serviços públicos, contudo, não se pode afastar que, de acordo com as peculiaridades de cada caso concreto e mediante solicitação de entidade ou órgão legítimo, seja facultado ao tribunal competente impor a observância a regime de greve mais severo em razão de tratar-se de "serviços ou atividades essenciais", nos termos do regime fixado pelos arts. 9º a 11 da Lei n. 7.783/1989. Isso ocorre porque não se pode deixar de cogitar dos riscos decorrentes das possibilidades de que a regulação dos serviços públicos que tenham características afins a esses "serviços ou atividades essenciais" seja menos severa que a disciplina dispensada aos serviços privados ditos "essenciais".

4.4. O sistema de judicialização do direito de greve dos servidores públicos civis está aberto para que outras atividades sejam submetidas a idêntico regime. Pela complexidade e variedade dos serviços públicos e atividades estratégicas típicas do Estado, há outros serviços públicos, cuja essencialidade não está contemplada pelo rol dos arts. 9º a 11 da Lei n. 7.783/1989. Para os fins desta decisão, a enunciação do regime fixado pelos arts. 9º a 11 da Lei n. 7.783/1989 é apenas exemplificativa (*numerus apertus*).

5. O PROCESSAMENTO E O JULGAMENTO DE EVENTUAIS DISSÍDIOS DE GREVE QUE ENVOLVAM SERVIDORES PÚBLICOS CIVIS DEVEM OBEDECER AO MODELO DE COMPETÊNCIAS E ATRIBUIÇÕES APLICÁVEL AOS TRABALHADORES EM GERAL (CELETISTAS), NOS TERMOS DA REGULAMENTAÇÃO DA LEI N. 7.783/1989. A APLICAÇÃO COMPLEMENTAR DA LEI N. 7.701/1988 VISA À JUDICIALIZAÇÃO DOS CONFLITOS QUE ENVOLVAM OS SERVIDORES PÚBLICOS CIVIS NO CONTEXTO DO ATENDIMENTO DE ATIVIDADES RELACIONADAS A NECESSIDADES INADIÁVEIS DA COMUNIDADE QUE, SE NÃO ATENDIDAS, COLOQUEM "EM PERIGO IMINENTE A SOBREVIVÊNCIA, A SAÚDE OU A SEGURANÇA DA POPULAÇÃO" (LEI N. 7.783/1989, PARÁGRAFO ÚNICO, ART. 11).

5.1. Pendência do julgamento de mérito da ADI n. 3.395/DF, Rel. Min. Cezar Peluso, na qual se discute a competência constitucional para a apreciação das "ações oriundas da relação de trabalho, abrangidos os entes de direito público externo e da administração pública direta e indireta da União, dos Estados, do Distrito Federal e dos Municípios" (CF, art. 114, I, na redação conferida pela EC n. 45/2004).

5.2. Diante da singularidade do debate constitucional do direito de greve dos servidores públicos civis, sob pena de injustificada e inadmissível negativa de prestação jurisdicional nos âmbitos federal, estadual e municipal, devem-se fixar também os parâmetros institucionais e constitucionais de definição de competência, provisória e ampliativa, para a apreciação de dissídios de greve instaurados entre o Poder Público e os servidores públicos civis.

5.3. No plano procedimental, afigura-se recomendável aplicar ao caso concreto a disciplina da Lei n. 7.701/1988 (que versa sobre especialização das turmas dos Tribunais do Trabalho em processos coletivos), no que tange à competência para apreciar e julgar eventuais conflitos judiciais referentes à greve de servidores públicos que sejam suscitados até o momento de colmatação legislativa específica da lacuna ora declarada, nos termos do inciso VII do art. 37 da CF.

5.4. A adequação e a necessidade da definição dessas questões de organização e procedimento dizem respeito a elementos de fixação de competência constitucional de modo a assegurar, a um só tempo, a possibilidade e, sobretudo, os limites ao exercício do direito constitucional de greve dos servidores públicos, e a continuidade na prestação dos serviços públicos. Ao adotar essa medida, este Tribunal passa a assegurar o direito de greve constitucionalmente garantido no art. 37, VII, da Constituição Federal, sem desconsiderar a garantia da continuidade de prestação de serviços públicos – um elemento fundamental para a preservação do interesse público em áreas que são extremamente demandadas pela sociedade.

6. DEFINIÇÃO DOS PARÂMETROS DE COMPETÊNCIA CONSTITUCIONAL PARA APRECIAÇÃO DO TEMA NO ÂMBITO DA JUSTIÇA FEDERAL E DA JUSTIÇA ESTADUAL ATÉ A EDIÇÃO DA LEGISLAÇÃO ESPECÍFICA PERTINENTE, NOS TERMOS DO ART. 37, VII, DA CF. FIXAÇÃO DO PRAZO DE 60 (SESSENTA) DIAS PARA QUE O CONGRESSO NACIONAL LEGISLE SOBRE A MATÉRIA. MANDADO DE INJUNÇÃO DEFERIDO PARA DETERMINAR A APLICAÇÃO DAS LEIS Ns. 7.701/1988 E 7.783/1989.

6.1. Aplicabilidade aos servidores públicos civis da Lei n. 7.783/1989, sem prejuízo de que, diante do caso concreto e mediante solicitação de entidade ou órgão legítimo, seja facultado ao juízo competente a fixação de regime de greve mais severo, em razão de tratarem de "serviços ou atividades essenciais" (Lei n. 7.783/1989, arts. 9º a 11).

6.2. Nessa extensão do deferimento do mandado de injunção, aplicação da Lei n. 7.701/1988, no que tange à competência para apreciar e julgar eventuais conflitos judiciais referentes à greve de servidores públicos que sejam suscitados até o momento de colmatação legislativa específica da lacuna ora declarada, nos termos do inciso VII do art. 37 da CF.

6.3. Até a devida disciplina legislativa, devem-se definir as situações provisórias de competência constitucional para a apreciação desses dissídios no contexto nacional, regional, estadual e municipal. Assim, nas condições acima especificadas, se a paralisação for de âmbito nacional, ou abranger mais de uma região da justiça federal, ou ainda, compreender mais de uma unidade da federação, a competência para o dissídio de greve será do Superior Tribunal de Justiça (por aplicação analógica do art. 2º, I, "a", da Lei n. 7.701/1988). Ainda no âmbito federal, se a controvérsia estiver adstrita a uma única região da justiça federal, a competência será dos Tribunais Regionais Federais (aplicação analógica do art. 6º da Lei n. 7.701/1988). Para o caso da jurisdição no contexto estadual ou municipal, se a controvérsia estiver adstrita a uma unidade da federação, a competência será do respectivo Tribunal de Justiça (também por aplicação analógica do art. 6º da Lei n. 7.701/1988). As greves de âmbito local ou municipal serão dirimidas pelo Tribunal de Justiça ou Tribunal Regional Federal com jurisdição sobre o local da paralisação, conforme se trate de greve de servidores municipais, estaduais ou federais.

6.4. Considerados os parâmetros acima delineados, a par da competência para o dissídio de greve em si, no qual se discuta a abusividade, ou não, da greve, os referidos tribunais, nos âmbitos de sua jurisdição, serão competentes para decidir acerca do mérito do pagamento, ou não, dos dias de paralisação em consonância com a excepcionalidade de que esse juízo se reveste. Nesse contexto, nos termos do art. 7º da Lei n. 7.783/1989, a deflagração da greve, em princípio, corresponde à suspensão do contrato de trabalho. Como regra geral, portanto, os salários dos dias de paralisação não deverão ser pagos, salvo no caso em que a greve tenha sido provocada justamente por atraso no pagamento aos servidores públicos civis, ou por outras situações excepcionais que justifiquem o afastamento da premissa da suspensão do contrato de trabalho (art. 7º da Lei n. 7.783/1989, *in fine*).

6.5. Os tribunais mencionados também serão competentes para apreciar e julgar medidas cautelares eventualmente incidentes relacionadas ao exercício do direito de greve dos servidores públicos civis, tais como: i) aquelas nas quais se postule a preservação do objeto da querela judicial, qual seja, o percentual mínimo de servidores públicos que deve continuar trabalhando durante o movimento paredista, ou mesmo a proibição de qualquer tipo de paralisação; ii) os interditos possessórios para a desocupação de dependências dos órgãos públicos eventualmente tomados por grevistas; e iii) as demais medidas cautelares que apresentem conexão direta com o dissídio coletivo de greve.

6.6. Em razão da evolução jurisprudencial sobre o tema da interpretação da omissão legislativa do direito de greve dos servidores públicos civis e em respeito aos ditames de segurança jurídica, fixa-se o prazo de 60 (sessenta) dias para que o Congresso Nacional legisle sobre a matéria.

6.7. Mandado de injunção conhecido e, no mérito, deferido para, nos termos acima especificados, determinar a aplicação das Leis ns. 7.701/1988 e 7.783/1989 aos conflitos e às ações judiciais que envolvam a interpretação do direito de greve dos servidores públicos civis.

Não se pode dizer que é só substituir a expressão *lei complementar* por *lei específica* no art. 16 da Lei n. 7.783/89, que o inciso VII do art. 37 da Constituição recepcionaria a norma da Lei n. 7.783/89. A Lei n. 7.783/89 não era a lei complementar a que fazia referência a antiga redação do inciso VII do art. 37 da Lei Maior. Não foi aprovada por maioria absoluta, como exige o art. 69 da Constituição, mas por maioria simples. A partir do momento em que houve alteração do inciso VII do art. 37 da Lei Magna pela Emenda Constitucional n. 19 e passou-se a exigir lei específica para regular a greve do servidor público, não houve recepção da Lei n. 7.783/89, pois esta não trata de greve de servidor público, mas de greve na área privada. Não se pode dizer que houve recepção da Lei n. 7.783 pela nova redação do inciso VII do art. 37 da Lei Maior, pois se, na época, a Lei n. 7.783 não era a lei específica que regulava a questão, não o poderá ser agora. A Lei n. 7.783 trata especificamente da greve na área privada e não na área pública. Logo, a Lei n. 7.783 não é recepcionada pela nova redação do inciso VII do art. 37 da Constituição, justamente porque não é a lei específica nela mencionada, além do que não valeria para Estados, Distrito Federal e Municípios, que necessitam de leis específicas próprias, editadas pelos respectivos Poderes Legislativos.

Foi derrogado o art. 16 da Lei n. 7.783, pois fazia referência a lei complementar, e o inciso VII do art. 37 da Lei Magna, com a redação da Emenda Constitucional n. 19, reza que a lei é específica.

O inciso VI do artigo 37 não faz distinção entre servidor público estatutário ou empregado público. Assim, nos dois casos há necessidade de se esperar a lei específica para ser feita a greve.

A greve dos servidores públicos em serviços essenciais não poderá utilizar nem mesmo por analogia a previsão contida na Lei n. 7.783/89, por não ser a lei específica a que faz referência a Constituição, pois regula o tema na área privada.

A lei específica é que dirá quais são os serviços públicos objeto de greve, quais poderão ser paralisados e quais serão considerados como essenciais. Deve esclarecer a manutenção da operação dos serviços essenciais, com um mínimo de segurança para a prestação dos serviços públicos. Deverá a lei específica determinar que nos serviços essenciais os grevistas devem assegurar os serviços de cuja paralisação venha a resultar prejuízo irreparável pela deterioração de bens, máquinas e equipamentos, bem como a prestação de serviços indispensáveis ao atendimento da comunidade em relação a vida humana, saúde, segurança, meio ambiente, polícia, bombeiros, carceragem, magistrados etc.

Considera o art. 10 da Lei n. 7.783/89 que são considerados serviços ou atividades essenciais:

a) tratamento e abastecimento de água; produção e distribuição de energia elétrica, gás e combustíveis;

b) assistência médica e hospitalar;

c) distribuição e comercialização de medicamentos e alimentos;

d) funerários;

e) transporte coletivo;

f) captação e tratamento de esgoto e lixo;

g) telecomunicações;

VIII – guarda, uso e controle de substâncias radioativas, equipamentos e materiais nucleares;

IX – processamento de dados ligados a serviços essenciais;

X – controle de tráfego aéreo e navegação aérea;

XI compensação bancária.

XII – atividades médico-periciais relacionadas com o regime geral de previdência social e a assistência social;

XIII – atividades médico-periciais relacionadas com a caracterização do impedimento físico, mental, intelectual ou sensorial da pessoa com deficiência, por meio da integração de equipes multiprofissionais e interdisciplinares, para fins de reconhecimento de direitos previstos em lei, em especial na Lei nº 13.146, de 6 de julho de 2015 (Estatuto da Pessoa com Deficiência); e

XIV – outras prestações médico-periciais da carreira de Perito Médico Federal indispensáveis ao atendimento das necessidades inadiáveis da comunidade.

XV – atividades portuárias.

Para a Lei n. 7.783, ensino, correios e outras atividades não são considerados essenciais.

Serão necessidades inadiáveis da comunidade as que, não atendidas, coloquem em perigo iminente a sobrevivência, a saúde ou a segurança da população, como ocorre com água e esgoto, eletricidade, pronto-socorro e atividades médicas, coleta de lixo etc.

No decorrer da greve, o sindicato, juntamente com a Administração, deverá manter em atividade equipes de empregados com o objetivo de assegurar os serviços de cuja paralisação resulte prejuízo irreparável, pela deterioração irreversível de bens, máquinas e equipamentos, bem como a manutenção daqueles essenciais à retomada das atividades quando da cessação do movimento. Poderá haver a contratação de serviços temporários, visando à manutenção de bens ou ao atendimento de necessidades inadiáveis, nos casos em que os grevistas não observem tais determinações.

Deverá a lei específica estabelecer que o sindicato concederá aviso prévio de greve. Nos serviços essenciais, o aviso prévio deve ser superior ao de outras atividades.

Os grevistas terão direito de livre divulgação do movimento, visando assegurar a comunicação e informação sobre a greve, para que ela possa ser propagada. Há a possibilidade da divulgação da greve por meio de panfletos, de cartazes de propaganda, faixas, desde que não sejam ofensivos à Administração Pública, assim como o uso de megafone ou veículo com sonorização na porta da fábrica. Poderão os grevistas pretender a coleta de donativos, visando à manutenção da paralisação, bem como garantir recursos para que os trabalhadores possam comprar cestas básicas e, assim, permanecer em greve.

O piquete consiste numa forma de pressão dos trabalhadores sobre aqueles que não se interessam pela paralisação, preferindo continuar a trabalhar, e também para a manutenção do movimento. Serão, portanto, os piquetes permitidos, desde que não se ofendam as pessoas nem se cometam estragos em bens, ou seja, o piquete pacífico será permitido como modo de persuasão e aliciamento da greve. Não serão admitidos piquetes que venham a impedir o trabalhador de ingressar no serviço ou então piquetes violentos contra pessoas ou coisas.

Já a sabotagem, porém, não será permitida. A palavra *sabotagem* origina-se do francês *sabotage*, do verbo *saboter*, pisar e de *sabot*, calçado. Os operários das fábricas empregavam os calçados utilizados na empresa – os tamancos – para inutilizar as máquinas de produção e, assim, protestar contra o empregador. Daí vem o significado atual de sabotagem, que seria o emprego de meios violentos, a fim de causar danos ou destruição a bens. Como a greve deve ser pacífica, os atos de sabotagem não serão tolerados.

Os limites do direito de greve serão estabelecidos na lei específica. Esta, porém, não poderá restringir em demasia o direito de greve do servidor público, sob pena de inviabilizar o referido direito. Os termos estabelecidos poderão também dizer respeito a seu exercício e às pessoas que poderão e as que estarão proibidas de fazer greve.

O pagamento dos dias de paralisação dependerá do que for acordado para pôr fim à greve, como, por exemplo, trabalhar número maior de horas por dia para compensar os dias parados. Não havendo acordo, a Administração não terá obrigação de pagar os dias de paralisação, pois não houve a prestação de serviços, podendo haver prejuízo para férias, licença-prêmio etc.

Como fica a questão de o servidor exercer o direito de greve e praticar abusos? Adilson de Abreu Dallari declara que:

> nenhum servidor pode ser punido simplesmente por fazer greve. Isso nada tem a ver com a perda de remuneração em decorrência da ausência ao serviço. Consignar a ausência e proceder aos descontos devidos é um poder/dever da autoridade. Esta, entretanto, não pode suspender ou demitir o servidor grevista pelo só fato da greve, ficando, todavia, ressalvada a possibilidade de responsabilização por abuso desse direito[3].

Entretanto, se o servidor fizer greve, estará praticando um ato ilegal, sendo passível de suspensão e dispensa, além da perda da remuneração dos dias não trabalhados, já que os limites e o exercício da greve dependem da edição de lei específica. Os abusos cometidos pelos grevistas terão também sua responsabilidade tipificada sob os ângulos penal e civil. Alguns países estabelecem outras sanções, como disciplinares, coletivas, cassação do reconhecimento do sindi-

---

3. DALLARI, Adilson de Abreu. *Regime constitucional dos servidores públicos*. 2. ed. São Paulo: Revista dos Tribunais, 1990, p. 153.

cato, supressão da licença dos dirigentes sindicais, impedimento de desconto das contribuições associativas em folha de pagamento, imposição de multas à agremiação. Muitas vezes, as sanções coletivas não têm tido resultado concreto, ante a solidariedade dos integrantes da categoria. Foi o que ocorreu no Brasil em 1978, quando o governo resolveu intervir no sindicato dos metalúrgicos e este se mudou para o prédio em frente. Outras legislações preferem punir apenas os dirigentes sindicais.

A legitimidade do direito de greve no serviço público é do sindicato, como ocorre também na área privada. A titularidade do direito de greve é dos trabalhadores, pois a eles compete decidir sobre a oportunidade e os interesses a serem defendidos por meio da greve.

A oportunidade do exercício do direito de greve será decidida pelos trabalhadores, que julgarão o momento conveniente em que a greve será deflagrada.

A greve no setor público tanto pode dizer respeito a conflitos de natureza jurídica, como a questões de natureza econômica (condições de trabalho).

Aos trabalhadores cabe dizer quais os interesses que serão defendidos por meio da greve.

Não se pode dizer que o interesse a ser defendido por meio de greve seria ilimitado. Os limites desse interesse são previstos na própria Constituição. Os interesses a serem defendidos são os relativos a condições de trabalho, à melhoria dessas condições. São interesses que possam ser atendidos pela Administração, pois é contra esta que a greve é deflagrada.

Será vedada a greve política, pois nada poderá ser reivindicado da Administração.

Quanto à greve de solidariedade, em que os trabalhadores passam a apoiar outros trabalhadores, ela poderá ocorrer, desde que as reivindicações digam respeito a seu trabalho, podendo ser feitas contra a Administração Pública. Nem sempre, porém, a greve depende da existência de outra greve. É o caso da greve de solidariedade a um trabalhador exonerado pela Administração. Quem decidirá os interesses que devam ser defendidos na greve são os trabalhadores. Assim, pode existir a greve de solidariedade.

Os funcionários públicos não poderão reivindicar na greve reajustes salariais ou piso salarial, pois estes dependem da previsão legal para serem fixados. São de iniciativa privativa do presidente da República as leis que dispõem sobre criação de cargos, funções ou empregos públicos na administração direta e autárquica ou aumento de sua remuneração (art. 61, § 1º, II, *a*, da Constituição). O funcionário público não tem direito, inclusive, à negociação coletiva, justamente porque a matéria fica adstrita à reserva legal. O § 3º do art. 39 da Lei Magna não remete ao inciso XXVI do art. 7º da mesma norma, indicando que o funcionário público não tem direito a negociação coletiva.

Para a deflagração da greve, deverá haver assembleia sindical para decidir sobre seus contornos, tendo um *quorum* específico.

É possível que a lei específica trate o servidor público de forma diferenciada em relação aos trabalhadores da iniciativa privada, no que diz respeito à greve, pois tais pessoas não são iguais, merecendo tratamento desigual.

As controvérsias oriundas da greve no serviço público poderiam ser resolvidas por meio de mediação e arbitragem, em vez de se submeter a questão ao Poder Judiciário. Não será possível o ajuizamento de dissídio coletivo, em razão de que a Administração Pública deve observar o princípio da legalidade para efeito de estabelecer condições de trabalho, especialmente salariais.

10
LIMITES AO DIREITO DE GREVE

Só por ser um direito, a greve já sofre limitações. Pode-se dizer que o direito de uma pessoa termina quando começa o de outra.

Esclarece Josserand que a greve dos trabalhadores quando:

> posta efetivamente a serviço dos interesses da profissão, sob a condição de que se respeite a liberdade de trabalho e não se cometam atos de violência, isentará de responsabilidade os grevistas, posto que permaneceram nos limites dos interesses legítimos, que constitui a pedra angular de toda teoria do abuso de direitos. Entretanto, se sobrepassam esses limites, se recorrem à coalizão por motivos extraprofissionais, saem do espírito da instituição e chegam a ser responsáveis pelos danos e prejuízos que, por sua culpa, causam ao patrão lesado[1].

É possível dividir as limitações ao direito de greve sob o aspecto objetivo, da previsão da lei, e sob o aspecto subjetivo, dos abusos cometidos.

As limitações ao direito de greve estão previstas inicialmente na própria Constituição.

Nota-se de modo genérico que o inciso VII do art. 4º da Constituição adota nas relações internacionais a solução pacífica dos conflitos. A greve deve, portanto, ser pacífica, sendo vedadas greves violentas, inclusive por meios violentos, de tortura ou de tratamento desumano ou degradante (art. 5º, III, da Lei Maior).

Assegura o *caput* do art. 5º da Constituição o direito à vida, à liberdade, à segurança e à propriedade. Greves que venham a violar direitos já estarão excedendo os limites constitucionais. O inciso XXII do art. 5º da mesma norma ainda determina o direito de propriedade, não sendo possível que a greve venha a danificar bens ou coisas. Os atos empregados pelos grevistas não poderão causar ameaça ou dano à propriedade ou à pessoa.

Prescreve o inciso IV do art. 5º da Lei Magna o direito à livre manifestação do pensamento, vedando apenas o anonimato. Haverá liberdade de pensamento quanto à greve em relação aos que são contrários a ela.

---

1. JOSSERAND, Louis. *El espírito de los derechos y sua relatividad*. México: Cajica, 1946, p. 198.

Ainda dentro da liberdade de pensamento, devem-se respeitar na greve as convicções políticas, filosóficas e as crenças religiosas das pessoas (art. 5º, VIII, da Lei Maior).

Os danos causados à moral, à imagem da pessoa ou danos de caráter material terão que ser indenizados pelos responsáveis (art. 5º da Lei Máxima). Com isso, também se quer dizer que a greve deverá respeitar a moral e a imagem das pessoas e suas coisas materiais.

Assegura-se o direito à vida privada (art. 5º, X), bem como o direito de livre locomoção (art. 5º, XV da Constituição). Permite-se, assim, que as pessoas que quiserem trabalhar entrem e saiam da Administração ou até deixem de trabalhar e passem a participar da greve.

Em nenhuma hipótese, os meios adotados pelos trabalhadores poderão violar ou constranger os direitos e garantias fundamentais previstos na Constituição.

Outros limites poderão ser estabelecidos na lei específica que vier a ser editada sobre o tema.

11
GREVE E PAGAMENTO DE SALÁRIO

11.1 HISTÓRICO

A anterior lei de greve, Lei n. 4.330, de 1º de junho de 1964, determinava que seria considerado ilegal o movimento paredista quando:
a) não atendidos os prazos e condições estabelecidos na referida lei;
b) tivesse por objeto reivindicações rejeitadas pela Justiça do Trabalho, em decisão definitiva, há menos de um ano;
c) fosse deflagrado por motivos políticos, partidários, religiosos, morais, de solidariedade, sem quaisquer pretensões relacionadas com a própria categoria;
d) tivesse por fim rever norma coletiva, salvo se as condições pactuadas tivessem sido substancialmente modificadas.

Considerava, ainda, o parágrafo único do art. 20 da Lei n. 4.330/64 que:

> a greve suspende o contrato de trabalho, assegurando aos grevistas o pagamento dos salários durante o período da sua duração e o cômputo do tempo de paralisação como de trabalho efetivo, se deferidas, pelo empregador ou pela Justiça do Trabalho, as reivindicações formuladas pelos empregados, total ou parcialmente.

A greve lícita não rescindia o contrato de trabalho, nem eram extintos os direitos e obrigações dele resultantes (art. 20 da Lei n. 4.330). Só eram pagos os salários dos dias parados e computado o tempo de serviço se o empregador ou a Justiça do Trabalho deferissem, total ou parcialmente, as reivindicações formuladas pelos grevistas. Em caso contrário, não haveria pagamento de salários nem contagem do tempo de serviço durante a greve, considerando-se que os efeitos do contrato de trabalho estavam suspensos.

A atual lei de greve (Lei n. 7.783/89) não se refere a legalidade ou ilegalidade da greve, mas usa os termos abusividade ou não abusividade do movimento paredista.

Constitui abuso do direito de greve, segundo a nova norma, não fornecer aviso prévio de greve em 48 horas (parágrafo único do art. 3º da Lei n. 7.783/89) ou em 72 horas, em se tratando de greve em serviços considerados essenciais (art.

13), e manter a paralisação após a celebração de acordo, convenção ou decisão da Justiça do Trabalho, entre outros motivos. Só não se considera abusivo o movimento se, na existência de norma coletiva, a paralisação tiver por objeto: exigir o cumprimento de cláusula ou condição não satisfeita pelo empregador; ou seja, motivada pela superveniência de fato novo ou acontecimento imprevisto que modifique substancialmente a relação de trabalho (cláusula *rebus sic stantibus*), de acordo com o parágrafo único do art. 14 da Lei n. 7.783/89).

11.2 PAGAMENTO DOS DIAS PARADOS

Jorge Luiz Souto Maior considera que, durante a greve, devem ser pagos os salários[1].

Arnaldo Süssekind afirma que: "mesmo que se trate de greve deflagrada em consonância com a lei, sem a prática de abuso, indevidos são os salários, salvo se a propósito houver acordo, laudo arbitral ou decisão normativa"[2].

Octavio Bueno Magno assevera que: "não mais prevalece, todavia, o direito dos grevistas ao recebimento de salários no período de greve, salvo acordo ou decisão normativa em sentido contrário"[3].

Como será resolvido o pagamento dos dias parados na greve, se esta for julgada abusiva ou não pela Justiça do Trabalho?

Observadas as condições previstas na Lei n. 7.783, conforme prescreve seu art. 7º: "a participação em greve suspende o contrato de trabalho, devendo as relações obrigacionais durante o período ser regidas pelo acordo, convenção, laudo arbitral ou decisão da Justiça do Trabalho".

É sabido que a suspensão do contrato de trabalho implica o não pagamento dos salários e não ser computado o tempo de serviço. Ao contrário, na interrupção do contrato de trabalho são pagos os salários, e o tempo de serviço é normalmente contado.

A palavra "suspender" contida no art. 7º da Lei n. 7.783 não pode ser interpretada como interromper, pois está escrito na norma "suspender" e não "interromper" os efeitos do contrato de trabalho.

Alguns tribunais regionais, considerando abusiva ou não a greve, têm mandado pagar os dias parados, que serão compensados futuramente, desde que os grevistas voltem ao trabalho de imediato.

---

1. Greve e salário, *Revista Síntese*, n. 255, p. 35 a 44, São Paulo: IOB, set. 2010.
2. SÜSSEKIND, Arnaldo. *Instituições de direito do trabalho*. 20. ed. São Paulo: LTr, 2002, v. 2, p. 1.251.
3. MAGANO, Otavio Bueno. *Direito coletivo de trabalho*. 3. ed. São Paulo: LTr, 1993, p. 202.

No tocante ao não pagamento dos dias parados, caso a greve seja considerada abusiva, os salários não devem ser pagos, pois as reivindicações não foram atendidas, nem houve trabalho no período. Não há suspensão do contrato de trabalho se a greve é exercida de maneira abusiva. Por conseguinte, inexiste direito ao pagamento de salários. É de se lembrar, também, que não há pagamento de salários sem que haja prestação de serviços (*Kein Arbeit, Kein Lohn*).

Na suspensão do contrato de trabalho não há pagamento de salários. A greve é considerada como hipótese de suspensão do contrato de trabalho, desde que observadas as condições previstas na Lei n. 7.783/89 (art. 7º). Logo, atendidas as condições da Lei n. 7.783/89, há suspensão do contrato de trabalho, e, se há suspensão, é indevido o pagamento de salários.

Nos contratos bilaterais, nenhum dos contraentes, antes de cumprida a sua obrigação, pode exigir o implemento da obrigação do outro (art. 476 do Código Civil). Ninguém pode exigir o cumprimento de uma obrigação antes de fazer a sua parte. Se o empregado não presta serviço, não pode exigir o pagamento do salário pelo empregador. O empregador não é obrigado a pagar o salário, se não existe prestação de serviço. O empregado exerce um direito na greve: o direito de greve. O empregador, em razão da falta de prestação de serviços, também tem o direito de não pagar o salário, pois o serviço não foi prestado.

A vontade de não trabalhar dos grevistas deve respeitar o direito daqueles que entendem que devem comparecer ao serviço para trabalhar. Assim, não poderiam os primeiros ter direito ao salário se não trabalharam e os segundos, mesmo trabalhando, também receber salário. Seria uma injustiça com os últimos, que trabalharam, determinar o pagamento de salários àqueles que não prestaram serviços. Como regra, não há pagamento de salário sem a devida contraprestação de serviços. Serviço feito é salário devido. Não havendo prestação de serviço, não há direito ao salário. O empregador não é obrigado a pagar salário se o empregado não trabalha.

O contrato de trabalho comporta direitos e obrigações. O empregado assume riscos em razão da greve, justamente de não receber os salários.

A todo direito corresponde um dever e também um ônus. O direito de fazer greve está caracterizado na Constituição (art. 9º), porém o ônus é justamente o de que, não havendo trabalho, inexiste remuneração. Um dos componentes do risco de participar da greve é justamente o não pagamento dos salários relativos aos dias parados. Mandar pagar os dias parados seria premiar quem não trabalhou e incentivar a greve. As consequências da greve devem ser suportadas por ambas as partes: pelo empregador, que perde a prestação de serviços durante certos dias, tendo prejuízo na sua produção e, em consequência, deixa de pagar os dias não trabalhados pelos obreiros; pelo empregado, que participa da greve, ficando sem trabalhar, mas perde o direito ao salário dos dias em que não prestou serviços[4].

O inciso II do art. 6º da Lei n. 7.783/89 permite aos trabalhadores angariarem fundos em razão da greve, justamente porque não vão receber salários durante a greve.

Caso se determinasse o pagamento de salários sem trabalho, além de se estar determinando uma iniquidade, também haveria o intuito de não retornar ao trabalho por parte dos grevistas, pois estariam ganhando sem trabalhar, ficando apenas a empresa a suportar os efeitos da paralisação. O pagamento dos dias parados pode gerar o estímulo à deflagração de movimentos grevistas com espírito totalmente divorciado das reivindicações, o que não é recomendável[5].

Entender que o empregado tem de receber salário durante a greve abusiva é como lhe conceder férias ou licença remunerada.

O direito de receber o salário em caso de greve abusiva não é um direito fundamental, por não ter previsão na Constituição, especialmente nos arts. 7º a 9º. O salário é um direito essencial do trabalhador, para poder sobreviver, mas depende da obrigação de o obreiro trabalhar para recebê-lo.

Seabra Fagundes já afirmou que:

> o direito nunca é absoluto no seu exercício, pois impõe a atuação do titular na sociedade, devendo guardar respeito aos titulares de outros direitos e a condições e circunstâncias de interesse geral não compatível com o ilimitado querer de um indivíduo[6].

A greve, só por ser um direito, deve respeitar também o direito dos outros. A paralisação não é um direito absoluto, pois tem limites na Constituição e na lei. Também não é um direito irrestrito e ilimitado, mas deve observar os limites constitucionais, a razoabilidade, a proporcionalidade e o bom senso.

Não há discriminação quanto ao não pagamento do salário aos grevistas, justamente porque estes não querem trabalhar. Quem trabalha recebe salário. Quem não presta serviço em razão da greve, deixa de receber o salário. Logo, o empregador não tem obrigação de pagar salários durante a greve.

Quando a paralisação for feita pelo empregador, com o intuito de pressionar o governo para aumento de preços, deve ser feito o pagamento dos salários. Nesse exemplo, o empregado nada reivindica, sendo que os riscos do empreendimento devem ficar por conta do empregador (art. 2º da CLT). Logo, os salários do período devem ser pagos ao obreiro, que não deu causa à não prestação de serviços.

---
4. MARTINS, Sergio Pinto. *Comentários à CLT*. 18. ed. São Paulo: Atlas, 2014, p. 810.
5. MARTINS, Sergio Pinto. *Direito do trabalho*. 30. ed. São Paulo: Atlas, 2014, p. 953.
6. FAGUNDES, Seabra. O direito de greve, *Revista Forense*, v. 154, Rio de Janeiro, jul./ago. 1954, p. 13.

Caso a greve seja considerada não abusiva, os salários são devidos, pois o empregador não cumpriu com as regras da Lei n. 7.783/89.

Se as partes ajustarem o pagamento de salários durante a greve, por acordo ou convenção coletiva, ou até por determinação da Justiça do Trabalho, haverá interrupção do contrato de trabalho e não sua suspensão.

O TST vinha entendendo que, mesmo que a greve seja considerada não abusiva, os dias parados são indevidos, se os empregados não trabalharem. Se existe suspensão dos efeitos do contrato de trabalho, não há pagamento de salário, por não haver prestação de serviços:

> Greve. Pagamento dos dias parados. O reconhecimento da não abusividade do movimento grevista não traz como consequência o pagamento dos dias parados. A greve é risco assumido pela categoria. Se não houve trabalho, em virtude da greve, não há que falar em pagamento desse dias (Ac. da SDC do TST, RO DC 19.067/90.2-2ª R., rel. Min. Almir Pazzianotto Pinto, j. 12-11-1991, *DJU* 1 13-12-1991, p. 18.419).
>
> Dissídio coletivo. Greve não abusiva. Não pagamento dos dias parados. Deferimento de cláusulas (Ac. da SDC do TST, DC 35.830/91.5, rel. Min. Antonio Amaral, j. 25-9-1991, *DJU* 1 14-2-1992, p. 1.204/11).
>
> [...] O objetivo da deflagração de uma greve é o atendimento pelo empregador, no todo ou em parte, de uma pauta de reivindicações apresentada pelo Sindicato que representa os trabalhadores envolvidos. Sendo esse o seu interesse, tanto o trabalhador com sua liderança sindical sabem dos riscos que estão correndo. Recurso provido parcialmente para excluir da condenação os dias parados (Ac. da SDC do TST, RO DC 15.629/90.7-5ª R., rel. Min. Almir Pazzianotto Pinto, j. 12-11-1991, *DJU* 1 19-12-1991, p. 18.879/81).
>
> [...] 2. Greve e pagamento dos dias de paralisação. Sem contraprestação de trabalho, não pode haver pagamento de salário. Recurso Ordinário em Dissídio Coletivo conhecido e provido (Ac. da SDC do TST, RO DC 17.956/90.4-15ª R., rel. Antonio Amaral, j. 17-9-1991, *DJU* 1 19-12-1991, p. 18.884).
>
> [...] A participação do empregado em movimento grevista importa na suspensão do contrato de trabalho e, nesta circunstância, autoriza o empregador a não efetuar o pagamento dos salários nos dias de paralisação. A lógica é uma só: sem prestação de serviço inexiste cogitar-se de pagamento do respectivo salário. Este é o ônus que deve suportar o empregado na oportunidade em que decide aderir ao movimento grevista (SDI, E-RR, 383.124, Ac. SBDI-1, rel. Leonaldo Silva, j. 27-9-1999, *LTr* 63-11/1494-5).
>
> Greve. Suspensão do contrato de trabalho. Pagamento dos dias parados.
>
> De acordo com a jurisprudência da E. SDI desta corte, a suspensão do contrato de trabalho, em face de greve, afasta o direito do empregado aos salários dos dias parados. Revista conhecido e provida (RR 250345/96, 3ª T., rel. Min. Antonio Fábio Ribeiro, *DJU* 6-11-1998).
>
> Greve. Suspensão do contrato de trabalho. Inexistência de direito ao pagamento dos salários. Nos termos do art. 7º da Lei n. 7.783/89, a participação em movimento grevista importa a suspensão do contrato de trabalho, equivalente dizer que não há pagamento de salário, dada a ausência de prestação de serviço. Recurso de revista conhecido e desprovido (3ª T., RR 253.548/96, rel. Min. José Luiz Vasconcellos, *DJU* 3-4-1998).

A Orientação Jurisprudencial 10 da SDC do TST menciona que:

> é incompatível com a declaração de abusividade de movimento grevista o estabelecimento de quaisquer vantagens ou garantias a seus partícipes, que assumiram os riscos inerentes à utilização do instrumento de pressão máximo.

Isso significa que não há direito a nenhuma vantagem ou garantia na greve abusiva, sendo indevidos, portanto, os salários aos empregados que não trabalharam.

O STJ entendeu que:

> É firme a jurisprudência do STJ no sentido de que é legítimo o ato da Administração que promove o desconto dos dias não trabalhados pelos servidores públicos participantes de movimento paredista, diante da suspensão do contrato de trabalho (...), salvo a existência de acordo entre as partes para que haja compensação dos dias paralisados (2ª T., Recurso Especial 1.450.265/SC, rel. Min. Mauro Campbell Marques, j. 18-6-2014).

Há outras decisões do STJ no mesmo sentido da possibilidade dos descontos: Agravo no Recurso Especial 496.115/BA, rel. Min. Herman Benjamin j. 3-6-2014; Agravo no Recurso Especial 1.390.467/RN, rel. Min. Humberto Martins, j. 17-9-2013; Agravo no Recurso Especial 1.151.373/SC, rel. Min. Sebastião Reis Júnior, j. 6-6-2013; Embargos de Declaração no Recurso Especial 1.302.179/PB, rel. Min. Benedito Gonçalves, j. 28-5-2013.

A 1ª Turma do STJ também entendeu sobre a possibilidade dos descontos no salário:

> Como antes afirmado, a jurisprudência das Turmas que compõem a 1a Seção é uníssona no sentido de que, **ainda que reconhecida a legalidade da greve**, podem ser descontados dos vencimentos dos servidores públicos os dias não trabalhados, tendo em conta a suspensão do contrato de trabalho (Agravo em Recurso Especial 1.273.802/RS, rel. Min. Sérgio Kukina, j. 25-6-2013) (grifos nossos).

O Supremo Tribunal Federal (STF) entendeu que:

> os salários dos dias de paralisação não deverão ser pagos, salvo no caso em que a greve tenha sido provocada justamente por atraso no pagamento aos servidores públicos civis, ou por outras situações excepcionais que justifiquem o afastamento da premissa da suspensão do contrato de trabalho (art. 7º da Lei n. 7.783/1989, *in fine*) (RE 456.530/SC, rel. Min. Joaquim Barbosa, j. 13-5-2010).

No julgamento em caso decorrente da greve na Fundação de Apoio à Escola Técnica do Estado do Rio de Janeiro (Faetec), o STF entendeu que é possível fazer o desconto no salário dos grevistas (RE 693.456). O Tribunal de Justiça do Rio de Janeiro tinha impedido o desconto no salário dos grevistas. É permitida a compensação em caso de acordo. O desconto será, contudo, incabível se ficar demonstrado que a greve foi provocada por conduta ilícita do Poder Público.

A OIT não tem uma convenção específica sobre greve. A Convenção n. 87 da OIT não trata de greve, mas de liberdade sindical. O Comitê de Liberdade Sindical da OIT declarou não haver nenhuma objeção à dedução dos salários dos dias de greve[7].

O Código do Trabalho do Chile afirma que a greve suspende o contrato de trabalho e o empregador não tem de pagar remuneração ao empregado (art. 377).

O Código de Trabalho de Portugal prevê que a "a greve suspende o contrato de trabalho de trabalhador e aderente, incluindo o direito à retribuição" (art. 536º, 1). Leciona Pedro Romano Martinez que:

> não havendo laboração, a contrapartida usualmente percebida pelos trabalhadores não grevistas pode sofrer um decréscimo quando, em parte, a retribuição esteja relacionada com a produtividade, que será reduzida ou nula durante o período de greve[8].

Monteiro Fernandes afirma que "a suspensão do contrato decorrente da greve faz cessar, temporariamente o direito à retribuição"[9]. Bernardo Lobo Gama Xavier assevera que durante a greve não há direito à retribuição: "o que aliás deriva da aplicação pura e simples da suspensão das relações contratuais por motivos ligados à situação do trabalhador"[10].

Gerard Couturier afirma que a greve importa a suspensão da execução do contrato de trabalho. Em consequência, o empregador fica desobrigado de pagar os salários[11]. Jean Claude Javillier leciona que, durante a greve, "o princípio seguido é o da proporcionalidade entre perda de salário e duração da greve"[12]. Isso significa que são descontados os dias não trabalhados na greve. O empregador não paga os salários dos empregados em greve, de forma proporcional à duração da greve[13]. Hélène Sinay afirma que a obrigação salarial fica suspensa durante a falta de prestação de serviços na greve[14]. A Corte de Cassação já decidiu que é possível o desconto dos dias parados na greve (*Chambre Sociale*, Processo 11-24039, decisão de 23-1-2013).

---

7. BIT, Genève, *La liberté syndicale*, Ementa n. 654, p. 137.
8. MARTINEZ, Pedro Romano. *Direito do trabalho*. 5. ed. Coimbra: Almedina, 2010, p. 1.324.
9. FERNANDES, António Monteiro de Lemos. *Direito do trabalho*. 15. ed. Coimbra: Almedina, 2010, p. 989.
10. XAVIER, Bernardo da Gama Lobo. *Direito de greve*. Lisboa: Verbo, 1984, p. 202.
11. COUTURIER, Gèrard. *Traité de droit du travail*. 2 /Les relations collectives de travail. Paris: PUF, 2001, p. 396.
12. JAVILLIER, Jean Claude. *Manual de direito do trabalho*. São Paulo: LTr, 1988, p. 227.
13. RAY, Jean-Emmanuel. *Droit du travail*. Paris: Liaison, 2011, p. 672.
14. SINAY, Hélène. *La grève*, op. cit., p. 264.

Na Argentina, também houve decisão no sentido da possibilidade do desconto dos dias parados na greve (Cámara Nacional de Apelaciones del Trabajo, Sala IV, Expediente n. 36601/2007, j. 12-11-2008).

A Lei n. 8.112/90 não trata exatamente sobre o tema.

O STF entende que a Lei n. 7.783/89 pode ser aplicada na greve de funcionários públicos. Logo, podem ser feitos os descontos dos dias não trabalhados durante a greve dos funcionários públicos. O administrador público que não fizer o desconto de dias parados incorre em improbidade administrativa.

11.3 CONCLUSÃO

O art. 7º da Lei n. 7.783/89, ao contrário do parágrafo único do art. 20 da Lei n. 4.330/64, não tratou do pagamento dos salários referentes aos dias de greve. Essa matéria passou para o âmbito negocial das partes. Se as partes ajustarem o pagamento dos dias parados, sendo atendidas ou não as reivindicações do movimento paredista, será perfeitamente lícito o pactuado.

Caso a greve seja declarada abusiva, os salários são indevidos.

12
COMPETÊNCIA

A alínea *e* do art. 240 da Lei n. 8.112/90 atribuía competência à Justiça do Trabalho para dirimir os dissídios individuais e coletivos decorrentes de regime jurídico único por ela criado. O STF suspendeu liminarmente a palavra *coletivas* da alínea *e* e a expressão *negociação coletiva* contida na alínea *d* do referido artigo (STF, Pleno, ADIn 4.921/600, rel. Min. Carlos Mario Velloso, j. 1º-7-1991, *DJU* I 1º-7-1992, p. 10.555).

De fato, por questões históricas, a Justiça do Trabalho foi instituída para apreciar controvérsias entre empregados e empregadores, "regidas pela legislação social" (art. 122 da Constituição de 1946). Nunca a Justiça do Trabalho examinou questões atinentes a direitos de funcionários públicos, previstas no Direito Administrativo, como ocorre com o direito de greve do funcionário público.

Já havia decidido anteriormente o STF que o art. 114 da Constituição refere-se apenas ao pessoal regido pela CLT e não ao estatutário (STF, Pleno, CJ 6.829.8/SP, rel. Min. Octávio Gallotti, j. 15-3-1989, *DJU* 14-4-89, p. 5.457).

Destaque-se que, se há vínculo estatutário, não existe empregador nem empregado, mas relação entre o servidor público e a administração pública, regida pelo Direito Administrativo e não pelo Direito do Trabalho.

O STF, julgando ação direta de inconstitucionalidade, entendeu pela inconstitucionalidade da alínea *e* do art. 240 da Lei n. 8.112, que tratava da competência da Justiça do Trabalho para julgar dissídios individuais e coletivos por parte dos funcionários públicos. O art. 114 da Constituição não dá competência à Justiça do Trabalho para julgar questões de funcionários públicos submetidos ao regime jurídico único, de Direito Público, sujeitos às regras do Direito Administrativo e não do Direito do Trabalho (STF, Pleno, ADIn 4.921/600, rel. Min. Carlos Mario Velloso, j. 12-11-1992, *DJU* I, 12-3-1993, p. 3.557).

A Associação dos Juízes Federais ajuizou ação direta de inconstitucionalidade para discutir a matéria. O Ministro Nelson Jobim suspendeu, *ad referendum*, toda e qualquer interpretação dada ao inciso I do art. 114 da Constituição que inclua na competência da Justiça do Trabalho a análise de questões de funcionários públicos estatutários ou de caráter jurídico-administrativo (despacho de 27-1-

2005, *DJU* I, 4-2-2005, p. 2-3). A liminar foi ratificada no Pleno do STF (ADIn 3.395-6/DF, rel. Min. Cezar Peluso, j. 5-4-2006, *DJU* 10-11-2006).

Entende o STF que na contratação temporária de servidores a competência não é da Justiça do Trabalho (STF, Pleno, Recl – AgR 4489/PA, rel. Min. Carmen Lúcia, j. 21-8-2008, *DJ* 21-11-2008).

A competência para decidir sobre a greve de funcionários públicos não será da Justiça do Trabalho. Esta não tem competência para decidir sobre questões relativas a servidores estatutários, mas apenas quando a Administração Pública tiver empregados (art. 114 da Constituição).

Somente a Justiça do Trabalho tem competência para estabelecer normas e condições de trabalho nos dissídios coletivos, como se verifica do § 2º do art. 114 da Constituição. Logo, a Justiça Federal ou a Estadual não terão competência para decidir sobre a greve, apenas em relação aos abusos cometidos.

Serão da competência da Justiça Federal as questões relativas aos funcionários públicos federais.

Competirá à Justiça Comum a análise das questões pertinentes aos funcionários estaduais, distritais e municipais.

O TST entendeu que, se a greve é do empregado público, a competência é da Justiça do Trabalho:

> Servidor público regido pela Consolidação das Leis do Trabalho. Greve. Competência da Justiça do Trabalho para apreciar a legalidade da greve. É a Justiça do Trabalho competente para decidir quanto à legalidade de greve de servidor público regido pela legislação trabalhista. O servidor público, mesmo regido pela legislação trabalhista, não pode exercitar o direito de greve, pois ainda não existe a lei específica prevista no art. 37, VII, da Constituição Federal (TST RODC 61421/1999, Ac. SDC, rel. Min. Carlos Alberto Reis de Paula, *DJ* 24-5-2001, p. 81).

A competência é mesmo da Justiça do Trabalho, pois decorre da existência do contrato de trabalho.

13
DIREITO INTERNACIONAL

A OIT não tem convenção específica sobre a greve do servidor público.

A OIT elencava argumentos contrários ao direito de greve do servidor público. Seria inadequada a prova de força econômica contra o Estado, sendo prejudicada toda a coletividade. Os serviços prestados pelo Estado são essenciais, não podendo ser tolerada sua interrupção. A greve seria incompatível com a soberania estatal[1]. Os referidos argumentos foram abrandados, modificando-se a orientação contrária à greve do servidor público.

O Comitê de Liberdade Sindical já havia mencionado que o reconhecimento do princípio de liberdade sindical aos funcionários públicos não implica necessariamente o direito de greve. Mostra que os funcionários públicos não gozam do direito de greve na maioria dos países. O direito de greve na função pública pode ser objeto de restrições e até de proibição, inclusive em serviços essenciais. A greve do servidor público não deve ser considerada como um delito penal, suscetível de penas graves, mas mera falta sancionável com penas administrativas.

Entende o Comitê de Liberdade Sindical que o direito de greve dos trabalhadores e suas organizações constitui "um dos meios essenciais de que dispõem para promover e defender seus interesses profissionais". O referido Comitê entende que a liberdade sindical não ampara greves de "caráter puramente político", muito menos forma de pressão sobre o governo ou sobre o Congresso em matéria política, que não seja objeto de conflito de trabalho.

Prevê a Convenção n. 151 da OIT, promulgada pelo Decreto n. 7.944, de 6-3-2003, a institucionalização de meios voltados para a composição dos conflitos de natureza coletiva surgidos entre o Poder Público e seus servidores (art. 8º). Os empregados públicos, assim como os demais trabalhadores, gozarão dos direitos civis e políticos essenciais para o exercício normal da liberdade sindical, com reserva apenas das obrigações que se derivem de sua condição e da natureza de suas funções (art. 9º).

---

1. Libertad sindical y procedimientos para determinar las condiciones de empleo en el servicio público. *Informe VII*. Genebra: Oficina Internacional del Trabajo, 1976. 63ª Reunión, p. 86.

As restrições do direito de greve no setor público dizem respeito à proteção à vida, à segurança e à saúde da população atendida pelos serviços públicos. Deve o direito de greve guardar proporcionalidade com tais valores, sem implicar esvaziamento do referido direito. As limitações podem derivar da exigência de requisitos formais, do tipo de conflito, do tipo de greve, em relação a certas funções ou à condição especial do servidor[2]. São serviços essenciais: ferroviários, telefônicos, postal, telegráfico, de aeroportos, prevenção de contrabando, alfandegários, hospitalares, de eletricidade, de distribuição de água. Seriam serviços não essenciais: bancos, empresas petrolíferas, rádio e televisão, portos, de recebimentos de impostos, grandes magazines e parques de lazer, metalurgia, transportes, empresas frigoríficas, de hotéis, de construção, fabricação de automóveis, atividades agrícolas, casa da moeda, ensino, monopólios estatais de fumo, álcool, sal etc.[3].

O verbete 365 do Comitê de Liberdade Sindical da OIT esclarece que o reconhecimento do princípio da liberdade sindical aos funcionários públicos não implica necessariamente o direito de greve. O verbete 393 admitiu o exercício do direito de greve no serviço público com certas restrições.

O verbete 386 do Comitê de Liberdade Sindical esclarece sobre a possibilidade de conciliação e arbitragem em serviços essenciais e funções públicas.

O verbete 394 do Comitê de Liberdade Sindical afirma que:

> o direito de greve só pode ser objeto de restrições, inclusive proibição, na função pública, sendo funcionários públicos aqueles que atuam como órgãos de poder público, ou nos serviços essenciais no sentido estrito do termo, isto é, aqueles serviços cuja interrupção possa pôr em perigo a vida, a segurança ou a saúde da pessoa, no todo ou em parte da população.

O Comitê de Peritos da OIT informou no verbete 158 que a proibição do direito de greve nas funções públicas deveria limitar-se aos funcionários que exerçam funções de autoridade em nome do Estado. O verbete 534 esclarece que o direito de greve pode limitar a proibição no exercício da função pública somente no caso de funcionários que exercem funções de autoridade em nome do Estado.

A OIT mostra que a greve no serviço público pode ser feita, salvo para juízes, membros do Ministério Público, diplomatas, ministros, secretários e diretores de estatais, que são pessoas que atuam como órgãos do Poder Público.

---

2. Comisión Paritaria del Servicio Público, Cuarta Reunión, Genebra, 1988. Informe II – Los derechos de concertación, negociación y celebración de contratos colectivos en materia de determinación de salarios y condiciones de empleo en los servicios públicos. Oficina Internacional del Trabajo, p. 74-79.
3. BIT. *La liberté syndicale*. 4. ed. Genebra: BIT, 1996, p. 120-121.

Determina o Pacto Internacional dos Direitos Econômicos, Sociais e Culturais que a Administração Pública pode e deve estipular restrições ou limitações "no interesse da segurança nacional ou da ordem pública, ou para proteção dos direitos e liberdades de outrem" (art. 8, *c* e *d*).

14
DIREITO ESTRANGEIRO

14.1 INTRODUÇÃO

Há países em que existe o reconhecimento expresso do direito de greve aos servidores públicos. É o que ocorre em Alto Volta, Benin, Canadá, Costa do Marfim, Espanha, Finlândia, França, Grécia, Guiné, Madagáscar, México, Níger, Noruega, Portugal, Senegal, Suécia e Zaire. A greve é aplicada aos funcionários em geral. O direito é, porém, negado em relação a certas categorias de servidores. Na Noruega só é permitida a greve em caso de conflito de interesses. Na Suécia, só é autorizada a greve que tiver origem em questões que possam ser objeto de negociação[1].

Em alguns países, não se estabelece qualquer diferenciação entre as greves do setor público e as dos demais setores da economia. Em alguns casos, poderá haver certas restrições. São as hipóteses de Camarões, Gana, Itália, Malásia, Malta, Maurício, Nigéria, Serra Leoa, Cingapura e Sri Lanka[2].

Em um terceiro grupo de países, não há regras sobre a licitude ou ilicitude do direito de greve dos servidores públicos. Em Israel, no Reino Unido e no Tchad, há reconhecimento tácito do direito de greve. Em outros casos, a inexistência de disposições legislativas pode ser interpretada como proibição tácita da greve no serviço público. Na Alemanha, os *Beamter* (funcionários públicos) têm a proibição tácita do direito de greve, enquanto os *Angestellte* e os *Arbeiter* têm esse direito. Os *Beamter*, porém, podem sindicalizar-se. No Irã, no Paquistão, na Argélia e no Gabão, haveria proibição tácita do direito de greve[3].

Um quarto grupo mostra os países que negam o direito de greve aos funcionários públicos de forma expressa. No Quênia, Trinidad e Tobago e Uganda, a proibição de greve diz respeito aos serviços essenciais. Em outros países, a greve é expressamente proibida para o servidor público, como Austrália, Bolívia,

---
1. ROMITA, Arion Sayão. *Regime jurídico dos servidores públicos civis*: aspectos trabalhistas e previdenciários. São Paulo: LTr, 1993, p. 64.
2. Idem, p. 64.
3. ROMITA, Arion Sayão, op. cit., p. 64-5.

Colômbia, Costa Rica, Chile, Estados Unidos, Filipinas, Guatemala, Honduras, Japão, Kuwait, Líbano, Holanda (ferroviários e altos funcionários públicos), Ruanda, Síria, Suíça, Tailândia, Trinidad e Tobago e Venezuela. Muitos países latino-americanos proíbem a greve expressamente em suas Constituições, como Colômbia, Costa Rica, República Dominicana, Guatemala, Honduras, Panamá e Venezuela[4]. O Brasil também poderia ser incluído nesse grupo antes de 5 de outubro de 1988.

Outros países não podem ser classificados em nenhum dos grupos indicados, em razão de que a matéria não é prevista em lei. A matéria é controvertida na doutrina e na jurisprudência. São os casos de Áustria, Bélgica, Dinamarca, Holanda, Uruguai[5].

A greve na Administração Pública é permitida no Canadá, Chipre, Espanha, Finlândia, França, Guatemala, Luxemburgo, Grécia, Itália, México, Noruega, Peru, Portugal, Senegal, Suécia, Zaire.

Chipre, Itália e Suécia não fazem distinção entre a greve realizada no setor público e no setor privado.

Algumas legislações proíbem as greves para certas categorias de servidores públicos, como Bangladesh, Bolívia, Colômbia, Costa Rica, Filipinas, Índia, Marrocos, Japão, Paraguai.

Em certos países, a proibição foi estabelecida pela jurisprudência. Na Alemanha, o Tribunal Constitucional Federal julgou que os funcionários estatutários não podem fazer greve, em razão dos princípios tradicionais do serviço público.

Na Alemanha e na Suécia, os conflitos de natureza jurídica não podem ser objeto de greve. O Poder Judiciário tem apenas competência para dirimir conflitos jurídicos, em que se discuta interpretação de normas legais ou regulamentares.

Na Suécia, são permitidos todos os tipos de greve, incluindo as greves políticas. Na Alemanha, a greve política é proibida, pois interfere na competência legislativa. Na Finlândia, somente são permitidas greves que podem ser objeto de negociação coletiva, proibindo-se, portanto, greves políticas, pois na negociação coletiva não são tratados assuntos políticos.

Certos países determinam as atividades consideradas essenciais para efeito de greve no serviço público, como Colômbia, Filipinas, Índia, Nova Zelândia, Panamá e Venezuela. Tais serviços compreendem forças armadas, segurança pública, polícia, corpo de bombeiros, serviços de higiene e saúde pública, serviços de água, eletricidade, transportes, comunicações, carcereiros, magistrados etc.

---

4. Idem, p. 65.
5. Idem, ibidem.

Determinados servidores também não poderiam exercer o direito de greve, como superiores hierárquicos, exercentes de função de confiança, militares, juízes, agentes de polícia. A questão seria examinada pela condição jurídica do servidor.

Em alguns países, a greve só é vedada em serviços considerados essenciais pela legislação. Em muitos casos, a definição de serviços essenciais é muito genérica, o que inviabiliza qualquer greve na Administração Pública.

14.2 BÉLGICA

Na Bélgica, o Estatuto Geral do Serviço Público, de 2 de outubro de 1937, vedou as greves no setor público.

Ultimamente, a greve tem sido permitida no setor público, em razão de que teria havido revogação da referida disposição em decorrência de o governo reconhecer sindicatos que propunham em seus estatutos a greve como meio de ação.

14.3 BOLÍVIA

O art. 118 da Lei General de Trabalho veda a suspensão do trabalho nos serviços de caráter público.

O Decreto Supremo n. 1.958, de 16 de março de 1950, proíbe a greve nos serviços públicos. São considerados serviços públicos: (a) Administração Pública, Fiscal e Municipal; (b) serviço de água potável e provisão de combustível, luz e energia elétrica; (c) comunicações e bancos; (d) serviços sanitários e mercados públicos (art. 1º). Os trabalhadores e patrões que desrespeitarem a proibição serão passíveis da máxima sanção legal (art. 2º).

14.4 CHILE

No Chile, o art. 16 da Constituição menciona que não poderão declarar-se em greve os funcionários do Estado nem os das municipalidades, tampouco poderão fazê-lo as pessoas que trabalhem em corporações ou empresas, qualquer que seja sua natureza, finalidade ou função, que atendem a serviços de utilidade pública ou cuja paralisação cause grave dano à saúde, à economia do país, ao abastecimento da população e à segurança nacional. A lei estabelecerá os procedimentos para determinar as corporações ou empresas cujos trabalhadores estarão submetidos à proibição mencionada.

14.5 ESPANHA

Na Espanha, determina o art. 28.2 da Constituição que:

> é reconhecido o direito dos trabalhadores à greve para a defesa dos seus interesses. A lei que regular o exercício deste direito estabelecerá garantias destinadas a assegurar a manutenção dos serviços essenciais da comunidade.

Os funcionários públicos não estão incluídos nesse contexto, pois não são considerados pela lei como trabalhadores (art. 1.3, *a*, do Estatuto dos Trabalhadores).

Sagardoy Bengoechea leciona que a greve-delito transformou-se em greve-liberdade. A partir de 1975, transformou-se em greve-direito, com as normas jurídicas que a formalizaram, inclusive na Constituição, como direito fundamental e liberdade pública, ao lado de outros direitos básicos de uma economia de mercado, entre os quais "direito dos trabalhadores e empresários de adotar medidas de conflito". Em matéria de greve, a legislação deve ser mínima[6].

Ramirez Martinez entende que não tem sentido a valorização constitucional da greve e, num outro sentido, sua limitação até reduzi-la à mínima expressão, tornando-se inoperante[7].

Prevê o art. 222.1 do Código Penal que é delituosa a greve dos funcionários somente se estes têm a seu cargo a prestação de qualquer tipo de serviços públicos de reconhecida ou inadiável necessidade. A greve dos funcionários públicos é considerada um fato. O exercício do direito de greve não tem sido tipificado no Código Penal, desde que não exista dolo específico, que é a vontade de subverter a segurança do Estado[8].

14.6 ESTADOS UNIDOS

A Lei Taft-Hartley, de 1947, proíbe os servidores públicos federais de fazer greves. Entre as penalidades para as pessoas que fizerem greves está a dispensa imediata e a proibição de recontratação no serviço público por período de três anos.

A Public Law 330, de 1955, tornou mais duras as penas contra funcionários federais que fizessem greve, defendessem o direito de fazer greve ou se filiassem

---

6. SAGARDOY, Bengoechea. *Las relaciones laborales en la Constitución*: el derecho del trabajo en España. IES, 1981, t. 1, p. 93.
7. RAMIREZ, Martinez. *Huelga y cierre patronal en la Constitución española*: el derecho del trabajo en España, IES, 1981, t. 1, p. 583.
8. LÓPEZ, Monís Carlos. *O direito de greve*: experiências internacionais e doutrina da OIT. São Paulo: LTr, 1986, p. 98.

a organizações que praticassem essas ações. Havendo greve, a pessoa seria passível de ser processada, de pagamento de multa, que na época era de mil dólares e prisão por um ano e um dia. Todo servidor federal deve fazer declaração em que renuncia ao direito de greve contra o governo e de filiação a uma organização que defenda esse direito[9].

O norte-americano entende que a proibição da greve aos funcionários federais está ligada a um dever de fidelidade ao Estado, que seria transgredido se os funcionários abandonassem suas funções[10].

A Ordem 11.491, de 29 de novembro de 1969, estabelece as relações trabalhistas no Serviço Federal, proibindo qualquer associação profissional de empregados de declarar ou participar de greve, da instalação de piquetes ou deixar de adotar as medidas necessárias para impedir os referidos atos.

Em 1981, Ronald Reagan dispensou 11 mil controladores de voo que estavam em greve. Ele convocou equipes de emergência. A Associação dos Controladores do Tráfico Aéreo (Patco) foi dissolvida no governo do presidente Reagan.

Alguns Estados permitem a greve de servidores públicos, como Alasca, Havaí, Minnesota, Montana, Oregon, Pensilvânia e Wisconsin. Em torno de 40 Estados proíbem a greve dos servidores. A lei estadual é que irá disciplinar o tema.

Não se permite a greve de guardas-civis, policiais, bombeiros e carcereiros. A arbitragem compulsória é a forma de resolver os dissídios coletivos dos funcionários nos Estados que a proíbem[11].

Aos militares é proibida a greve, sendo considerada incompatível com os princípios de hierarquia e autoridade.

14.7 FRANÇA

Na França, os arts. L2512-1 do Código de Trabalho, que tratam de certas modalidades de greve nos serviços públicos, reconhecem o direito de greve do pessoal civil que trabalha a serviço do Estado, dos Departamentos e dos Municípios com mais de 10 mil habitantes, assim como do pessoal das empresas, estabelecimentos, organismos públicos e privados, quando estes estejam encarregados da gestão de um serviço público. No exercício de greve nos serviços públicos há necessidade de se conceder um pré-aviso (art. L2512-2 do Código de Trabalho).

---

9. LEVINE, Marvin J.; HAGBURG, Eugene C. *Public sector labor relations.* St Paul/Los Angeles: West Publishing Company, 1979, p. 15.
10. SHIEBER, Benjamin M. *Iniciação ao direito trabalhista norte-americano.* São Paulo: LTr, 1988, p. 55.
11. SHIEBER, Benjamin M., op. cit., p. 56.

São proibidas as greves: (a) selvagens, sendo a greve declarada pelas organizações sindicais mais representativas da respectiva categoria profissional, organismos ou serviço; (b) de surpresa, sendo exigido aviso prévio com antecedência mínima de cinco dias, dirigido ao superior hierárquico ou à direção do organismo, indicando os motivos, o lugar, a data e a hora do início, a duração, se haverá limitações ou não; (c) rotativas, tanto de funcionários, como de organizações. A sanção não terá natureza penal, sendo aplicado o estatuto ou regulamento do pessoal. São vedadas greves de magistrados (Ordenança de 28 de dezembro de 1958), da polícia (Lei de 13 de julho de 1972), de membros das Companhias Republicanas de Segurança (Lei de 27 de dezembro de 1947), de controladores aéreos (Lei de 2 de julho de 1964), de agentes da Administração de Prisões (Ordenança de 6 de agosto de 1958), de funcionários dos serviços de transmissão do Ministério do Interior (Lei de 31 de julho de 1969). Mesmo assim houve greves nas referidas atividades, apesar da proibição.

14.8 ITÁLIA

Dispõe o art. 40 da Constituição italiana que "o direito de greve exerce-se no âmbito das leis que o regulam". Regula, portanto, o direito de greve em todos os setores da economia. Diz respeito a trabalhadores, mas não especifica quais são essas pessoas.

Esclarece Ignazio Scotto que a greve política deve ser considerada ilegítima porque a greve, repita-se, tem sempre um caráter econômico ou, melhor dizendo, contratual enquanto tende à melhoria das condições de trabalho da categoria[12]. Sermonti sustenta que a greve política não é autorizada, pois o art. 40 da Constituição está no capítulo relativo à ordem econômica[13]. Leciona Gino Giugni que, inexistindo limitação constitucional, o exercício da greve é pleno[14]. A jurisprudência da Suprema Corte admite a greve desde que econômica e não política[15].

A Lei n. 93, de 29 de março de 1983, reconhece o direito de greve no setor público. São, porém, estabelecidas certas condições (art. 11). O aviso prévio de greve é de 15 dias.

A Lei n. 146, de 12 de junho de 1990, trata das normas sobre o exercício do direito de greve nos serviços públicos essenciais e sobre a salvaguarda dos direitos da pessoa constitucionalmente tutelados. São considerados serviços públicos essenciais os destinados a garantir o gozo dos direitos da pessoa à vida, à saúde, à

---

12. SCOTO, Ignazio. *Manuale di diritto del lavoro*. Roma: Italedi, 1974, p. 167.
13. SERMONTI. *Il diritto di sciopero e i suoi limite*. Foro Pad., 1948, IV, col. 145.
14. GIUGNI, Gino. *Associazioni sindacale e contratti collectivi*. Roma, 1950, v. 1, p. 51.
15. MAZZONI, Giuliano. *Relações coletivas de trabalho*. São Paulo: Revista dos Tribunais, 1972, p. 261, nota n. 59.

liberdade e segurança, à liberdade de circulação, à assistência e previdência social, à instrução e à liberdade de comunicação (art. 1º). O aviso prévio de greve em serviços essenciais é de 10 dias, devendo ser indicada sua duração. Não existe necessidade de aviso prévio de 10 dias em caso de greve para defesa da ordem constitucional e graves eventos lesivos de segurança do trabalho. As partes envolvidas devem firmar acordos prevendo a manutenção dos serviços essenciais e intervalo entre as greves (art. 2º). Os empregados e empregadores são obrigados a manter o serviço público à razão de 50% dos serviços prestados normalmente a até um terço dos funcionários. As administrações ou as empresas prestadoras de serviços são obrigadas a comunicar aos usuários, de forma adequada, pelo menos cinco dias antes do início da greve, as formas e os tempos de distribuição dos serviços durante a paralisação e as medidas para reativação dos trabalhos. O serviço público de rádio e televisão é obrigado a dar ampla difusão a tais comunicações, fornecendo informações completas sobre o início, a duração, as medidas alternativas e as modalidades de greve em todos os telejornais e noticiários de rádio. As partes devem estabelecer de comum acordo nos contratos coletivos ou regulamentos de serviços quais as atividades indispensáveis a assegurar o gozo dos bens constitucionalmente garantidos. Os trabalhadores que participarem da greve ficam sujeitos a sanções disciplinares, porém não podem ser dispensados. Os sindicatos que promoverem greve sem observância dos preceitos da referida lei perdem para o Instituto Nacional da Previdência Social as contribuições de seus associados, que são descontadas dos salários dos trabalhadores pelo empregador ou pelo poder público, por todo o tempo de duração da greve e por período não inferior a um mês. Podem, ainda, sofrer a proibição de negociar. As entidades que fizerem greve ou a ela aderirem ficam excluídas das tratativas, por um período de dois meses a contar da cessação da greve. Há tentativa de conciliação perante a autoridade pública competente. A conciliação pode ser requerida perante a Prefeitura (conflito local), comuna (regional) e o Ministro do Trabalho e Previdência Social (nacional). Não existindo a conciliação, a autoridade pode determinar a mudança da data da greve, unificando-a com outras greves, reduzir a duração e estabelecer condições para que o serviço seja mantido. Deixando de ser respeitada a decisão, é prevista *astreinte*. Cabe recurso da decisão para o Tribunal Administrativo Regional no prazo de sete dias. Foi criada a Comissão de garantia do direito de greve, composta de nove membros, designados para o cargo pelos presidentes da Câmara e do Senado, entre especialistas em Direito Constitucional, do Trabalho e relações industriais, nomeados por decreto pelo presidente da República. A Comissão de Garantia pode abrir procedimento para valoração do comportamento dos interlocutores sociais conforme a Lei n. 281/98, que irá decidir em 90 dias, devendo a decisão ser cumprida em 30 dias.

A Lei n. 146/90 revogou os arts. 300 e 333 do Código Penal italiano, que previa o crime de ausência do servidor na repartição pública.

14.9 MÉXICO

A Constituição do México de 1917 prevê no inciso XVII do art. 123 que as leis reconhecerão como direito dos trabalhadores e dos patrões as greves e os *lockouts*. As greves serão lícitas quando tenham por objeto conseguir um equilíbrio entre os diversos fatores da produção, harmonizando os direitos do trabalho com os do capital. Nos serviços públicos, será obrigatório para os trabalhadores dar aviso prévio de greve com 10 dias de antecipação, à Junta de Conciliação e Arbitragem, da data assinalada para a suspensão do trabalho. As greves serão consideradas ilícitas unicamente quando a maioria dos grevistas exercer atos violentos contra as pessoas ou propriedades, ou, em caso de guerra, quando pertençam a estabelecimentos e serviços que dependem do governo (inciso XVIII).

A legislação estabelece expressamente as condições para a declaração da greve, como assembleia em que pelo menos dois terços do pessoal do órgão público tenha deliberado, devendo os sindicatos apresentar aos tribunais a ata da reunião. O aviso prévio de greve é de 10 dias.

14.10 PARAGUAI

Prevê o Código de Trabalho que os trabalhadores dos serviços públicos imprescindíveis para a comunidade, como fornecimento de água, energia elétrica e hospitais, deverão assegurar, em caso de greve, os serviços essenciais para a população. Os hospitais deverão manter ativos serviços de primeiros socorros e todo serviço necessário para não pôr em perigo a vida das pessoas (art. 362). A relação dos serviços essenciais é exemplificativa, sendo possível incluir outros serviços no referido rol.

14.11 PORTUGAL

A Constituição portuguesa garante o direito de greve (art. 57, 1). Compete aos trabalhadores definir o âmbito de interesses a defender por meio da greve, não podendo a lei limitar esse âmbito (art. 57, 2).

Ensina Antonio Lemos de Monteiro Fernandes que, à luz do preceito mencionado:

> ficou naturalmente em causa a possibilidade de limitação do direito de greve em função dos motivos. Mas, por outro lado, permaneceu aberto o espaço para que o legislador ordinário limitasse o exercício do direito assim reconhecido, quer no plano das formas que tal exercício pode assumir (isto é, dos tipos de comportamento em que a própria greve se traduz: paralisação parcial, ocupação dos locais de trabalho, braços caídos, alteração de cadência etc.), quer no das regras processuais a observar no seu desencadeamento (competência

exclusiva, ou não, dos sindicatos e delegados sindicais: aviso prévio, comunicações a autoridades administrativas etc.)[16].

Assegura o art. 12 da Lei n. 65, de 26 de agosto de 1977, o exercício do direito de greve na função pública. O referido exercício será regulado no respectivo estatuto ou diploma especial. Estão excluídas da greve "as forças militares e militarizadas" (art. 13).

Considera o art. 8º que são empresas ou estabelecimentos que se destinam à satisfação de necessidades sociais impreteríveis os que se integram, nomeadamente, em alguns dos seguintes setores:

a) correios e telecomunicações;
b) serviços médicos, hospitalares e medicamentosos;
c) funerários;
d) serviços de energia e minas;
e) abastecimento de água;
f) bombeiros;
g) transportes, cargas e descargas de animais e gêneros alimentares deterioráveis.

O Decreto-lei n. 637, de 20 de novembro de 1974, dispõe sobre a requisição civil que "compreende o conjunto de medidas determinadas pelo governo necessárias para, em circunstâncias particularmente graves, se assegurar o regular funcionamento de serviços essenciais de interesse público ou de setores vitais da economia nacional" (art. 1,1). A requisição civil:

tem um caráter excepcional, podendo ter por objetivo a prestação de serviços, individual ou coletiva, a cedência de bens móveis ou semoventes, a utilização temporária de quaisquer bens ou serviços públicos e as empresas públicas de economia mista ou privada (art. 1,2).

Os serviços públicos ou empresas que podem ser objeto de requisição civil são os seguintes:

a) o abastecimento de água (captação, armazenagem e distribuição);
b) a exploração de serviço de correios e de comunicações telefônicas, telegráficas, radiotelefônicas e radiotelegráficas;
c) a exploração do serviço de transportes terrestres, marítimos, fluviais ou aéreos;
d) as explorações mineiras essenciais à economia nacional;

---

16. FERNANDES, Antonio de Lemos Monteiro. *Noções fundamentais de direito do trabalho*. Coimbra: Almedina, 1983, v. 2, p. 283.

e) a produção e distribuição de energia elétrica, bem como a exploração, transformação e distribuição de combustíveis destinados a assegurar o fornecimento da indústria em geral ou de transportes públicos de qualquer natureza;
f) a exploração e serviços dos portos, aeroportos e estações de caminhos de ferro ou de camionagem, especialmente no que respeita à carga e descarga de mercadorias;
g) a exploração de indústrias químico-farmacêuticas;
h) a produção, transformação e distribuição de produtos alimentares, com especial relevo para os de primeira necessidade;
i) a construção e reparação de navios;
j) as indústrias essenciais à defesa nacional;
k) o funcionamento do sistema de crédito;
l) a prestação de cuidados hospitalares, médicos e medicamentosos;
m) a salubridade pública, incluindo a realização de funerais (art. 3,1, da Lei n. 637).

A requisição civil é feita por portaria ministerial, com a indicação de seu "objeto, duração, autoridade responsável pela execução, modalidade de intervenção das forças armadas quando tenha lugar, regime de prestação de trabalho dos requisitados e o comando militar a que fica afeto o pessoal quando sujeito a foro militar" (art. 4,4). José Barros Moura esclarece que:

> a requisição civil apenas pode ser aplicada, sem prejuízo do exercício do direito à greve, se, nas empresas ou estabelecimentos, os grevistas e as associações sindicais não assegurarem os serviços mínimos indispensáveis para a satisfação de necessidades sociais impreteríveis (e não de todos os serviços e todas as necessidades sociais)[17].

Pode abranger a requisição civil de pessoas "todos os indivíduos maiores de dezoito anos, mesmo os não abrangidos pelas leis de recrutamento ou isentos do serviço militar" (art. 7,1). A pessoa tem direito apenas ao "vencimento ou salário decorrente do contrato de trabalho ou categoria profissional".

14.12 REINO UNIDO

No Reino Unido, a greve no setor público teve seu alcance definido por intermédio da previsão de diversos níveis de "imunidade" da responsabilidade no que diz respeito à legislação comum.

---

17. MOURA, José de Barros. *Compilação de direito do trabalho*. Coimbra: Almedina, 1980, p. 571.

Não existe lei tratando do assunto para o serviço público.

O Parlamento vem introduzindo uma proteção legal fragmentária contra a responsabilidade civil e penal.

14.13 SUÉCIA

A Organização Central de Empregados Assalariados (TCO) foi criada em 1944, pela fusão de duas organizações, uma do setor privado e outra do setor público para empregados de escritório. Tem essa organização fundo próprio para a sustentação da greve.

Os sindicatos filiados à central sindical LO necessitam de sua aprovação para entrar em greve, quando o movimento atinja mais de 3% dos empregados. Sendo a greve aprovada, a LO reembolsa 75% dos salários perdidos pelos grevistas.

14.14 VENEZUELA

Na Venezuela, o art. 92 da Constituição prevê o direito de greve a todos os trabalhadores, especificando que no serviço público deverá ser exercido nas hipóteses estabelecidas na legislação. Não existe, contudo, a referida legislação.

Dispõe o art. 209 do Código Penal que os funcionários públicos que abandonarem coletivamente suas funções serão sancionados com multa. Há dúvida, portanto, sobre a possibilidade da greve, ante a contradição das legislações.

15
CONCLUSÃO

O inciso VII do art. 37 da Constituição representa um avanço em relação às normas anteriores, que vedavam a greve do servidor público. Agora, a greve do servidor público será permitida, nos termos e limites definidos em lei específica.

Privar o servidor do direito de realizar a greve é a mesma coisa que privá-lo da greve e de não poder exercer o direito. A greve é uma liberdade pública e um direito subjetivo da pessoa.

O direito de greve do servidor não pode ser ilimitado. Só por ser um direito, tem limitações e submete os responsáveis às penas da lei, no caso dos abusos cometidos.

Em muitos casos, o servidor tem direito ao postulado. Entretanto, a população e as empresas não podem ficar prejudicadas com a paralisação, como, por exemplo, da Justiça Estadual ou na greve dos auditores fiscais, que parou portos e deixou empresas sem poder produzir.

A greve do servidor não pode ser equiparada a férias, em que o trabalhador fica parado vários meses e ainda recebe pelo trabalho que não fez. O trabalhador, ao entrar em greve, assume riscos, como em relação a não trabalhar e não receber salários. A greve do servidor público não pode prejudicar o serviço público, a coletividade.

Tomando por base os sistemas comparados, a futura lei específica que vier a regular o direito de greve do servidor público não poderá restringir em demasia o referido direito, sob pena de inviabilizá-lo. Deverá a norma estabelecer aviso prévio de greve, esclarecer sobre o trabalho em atividades essenciais. Poderá também determinar quais são as atividades que não poderão fazer greve, dispondo sobre os termos, o exercício e os limites do direito de greve do servidor público.

Nada impede que cada Estado e cada Município tenham uma lei de greve para seus servidores públicos, pois será específica para a referida localidade e para seus trabalhadores.

REFERÊNCIAS

ALMEIDA, Amador Paes de. *A nova lei de greve*. São Paulo: Hemeron, 1964.

BARROS, Cássio Mesquita. O direito de greve na Constituição de 5 de outubro de 1988., *LTr*, São Paulo, n. 52-11/1.336.

BASTOS, Celso Ribeiro; MARTINS, Ives Gandra da Silva. *Comentários à Constituição do Brasil*. São Paulo: Saraiva, 1992. v. 3, t. 3.

BRAMANTE, Ivani Contini. Direito constitucional de greve dos servidores públicos – eficácia limitada ou plena? (Emenda Constitucional n. 19), *Repertório IOB de Jurisprudência*, n. 22.98, texto 1/12882, p. 567, nov. 1998.

BRITO FILHO, José Claudio Monteiro de. *Direito sindical*. São Paulo: LTr, 2000.

_____. *A sindicalização no serviço público*. Curitiba: Genesis, 1996.

CHIARELLI, Carlos Alberto Gomes. *Trabalho na Constituição*: direito coletivo. São Paulo: LTr, 1990. v. 2.

COELHO, Rogério Viola. *A relação de trabalho com o estado*. São Paulo: LTr, 1994.

COSTA, Orlando Teixeira da. *Direito coletivo do trabalho e crise econômica*. São Paulo: LTr, 1991.

CRETELLA JR., José. *Comentários à Constituição de 1988*. Rio de Janeiro: Forense Universitária, 1991.

CRISAFULLI, Vezio. *La costituzione e le sue disposizioni di principio*. Milano: Giuffrè, 1952.

DALLARI, Adilson de Abreu. *Regime constitucional dos servidores públicos*. 2. ed. São Paulo: Revista dos Tribunais, 1990.

DI PIETRO, Maria Sylvia Zanella. *Direito administrativo*. 12. ed. São Paulo: Atlas, 2000.

DUARTE NETO, Bento Herculano. *Direito de greve*. São Paulo: LTr, 1993.

DURAND, Paul. *La grève et le "lockout" en droit français*: le droit du travail dans la communauté. Luxemburgo: Communauté Européenne du Charbon et de l'Acier, 1961. v. 5.

FERNANDES, Antonio de Lemos Monteiro. *Direito do trabalho*: relações coletivas do trabalho. 3. ed. Coimbra: Almedina, 1991. v. 2; 1983. v. 2.

FERREIRA FILHO, Manoel Gonçalves. *Comentários à Constituição brasileira de 1988*. São Paulo: Saraiva, 1990. v. 1.

FERREIRA, Waldemar. *História do direito brasileiro*. São Paulo: Saraiva, 1962.

FIGUEIREDO, Guilherme José Purvin de. *O Estado no direito do trabalho*. São Paulo: LTr, 1996.

FRANCO FILHO, Georgenor de Sousa. *Liberdade sindical e direito de greve no direito comparado*: lineamentos. São Paulo: LTr, 1992.

GARCIA, Paulo. *Direito de greve*. Rio de Janeiro: Trabalhistas, 1961.

GIUGNI, Gino. *Direito sindical*. São Paulo: LTr, 1991.

_____. *Associazioni sindacale e contratti collectivi*. Roma: 1950. v. 1.

GOMES, Orlando; GOTTSCHALK, Elson. *Curso de direito do trabalho*. Rio de Janeiro: Forense, 1990.

JOSSERAND, Louis. *El espírito de los derechos y sua relatividad*. México: Cajica, 1946.

LAMARCA, Antonio. *O direito de greve dos servidores públicos na Constituição Federal de 1988*: Relações coletivas de trabalho: Estudos em homenagem ao Ministro Arnaldo Süssekind. São Paulo: LTr, 1989.

LEVINE, Marvin J.; HAGBURG, Eugene C. *Public sector labor relations*. St. Paul/Los Angeles: West Publishing Company, 1979.

LÓPEZ MUNÍS, Carlos. *O direito de greve*: experiências internacionais e doutrina da OIT. São Paulo: LTr, 1986.

LUCA, Carlos Moreira de. Negociação coletiva no serviço público e disciplina da greve em serviços essenciais na Itália, *LTr*, São Paulo, n. 55-11/1299.

MAGANO, Octavio Bueno. *Sindicalização e direito de greve dos servidores públicos*: curso de direito constitucional do trabalho. Estudos em homenagem ao prof. Amauri Mascaro Nascimento. São Paulo: LTr, 1991. v. 2.

MARTINS, Sergio Pinto. *Direito do trabalho*. 32. ed. São Paulo: Saraiva, 2016.

MAZZONI, Giuliano. *Relações coletivas do trabalho*. São Paulo: Revista dos Tribunais, 1972.

MELLO, Celso Antônio Bandeira de. *Regime constitucional dos servidores da administração direta e indireta*. 2. ed. São Paulo: Revista dos Tribunais, 1991.

MELLO, Maildes Alves. *A greve no direito positivo brasileiro*. Porto Alegre: Síntese, 1981.

MOURA, José de Barros. *Compilação de direito do trabalho*. Coimbra: Almedina, 1980.

NASCIMENTO, Amauri Mascaro. *Comentários à lei de greve*. São Paulo: LTr, 1989.

_____. *Compêndio de direito sindical*. 2. ed. São Paulo: LTr, 2000.

_____. *Iniciação ao direito do trabalho*. 24. ed. São Paulo: LTr, 1998.

PÉREZ DEL CASTILLO, Santiago. *O direito de greve*. São Paulo: LTr, 1994.

PESSOA, Robertônio Santos. *Sindicalismo no setor público*. São Paulo: LTr, 1995.

PINTO, Almir Pazzianoto. O servidor público civil: sindicalização – direito de greve, *LTr*, São Paulo, n. 54-2/158.

PINTO, José Augusto Rodrigues. *Direito sindical e coletivo do trabalho*. São Paulo: LTr, 1998.

PINTO JÚNIOR, Dirceu B. Greve e sindicalização dos servidores públicos, *Revista do TRT da 9a R*, v. 15, n. 2, p. 32, jul./dez. 1990.

RAMIREZ MARTINEZ. *Huelga y cierre patronal en la Constitución española*: el derecho del trabajo en España. IES, 1981. t. 1.

RIGOLIN, Ivan Barbosa. *O servidor público na Constituição de 1988*. São Paulo: Saraiva, 1989.

RIVERO, Jean; SAVATIER, Jean. *Droit du travail*. 4. ed. Paris: Presses Universitaires, 1966, p. 180.

RODRIGUES, Leôncio Martins. *Destino do sindicalismo*. São Paulo: Edusp/Fapesp, 1999.

ROMITA, Arion Sayão. *A greve no setor público e nos serviços essenciais*. Coordenação de Arion Sayão Romita. Curitiba: Genesis, 1997.

_____. *Regime jurídico dos servidores públicos civis*: aspectos trabalhistas e previdenciários. São Paulo: LTr, 1993.

SAAD, Eduardo Gabriel. *Constituição e direito do trabalho*. 2. ed. São Paulo: LTr, 1989.

SAGARDOU BENGOECHEA. *Las relaciones laborales en la Constitución*: el derecho del trabajo en España. IES, 1981. t. 1.

SCOTTO, Ignazio. *Manuale di diritto del lavoro*. Roma: Italedi, 1974.

SERMONTI. *Il diritto di sciopero e i suoi limite*. Foro Pad. 1948, IV.

SHIEBER, Benjamin M. *Iniciação ao direito trabalhista norte-americano*. São Paulo: LTr, 1988.

SILVA, Antônio Álvares da. *Os servidores públicos e o direito do trabalho*. São Paulo: LTr, 1993.

SILVA, José Afonso. *Aplicabilidade das normas constitucionais*. São Paulo: Revista dos Tribunais, 1968.

_____. *Curso de direito constitucional positivo*. 13. ed. São Paulo: Malheiros, 1997.

SINAY, Hélène. *La grève*: traité de droit du travail. Paris: Dalloz, 1966.

VELLOSO, Carlos Mário da Silva. *A greve no serviço público*: curso de direito coletivo do trabalho: estudos em homenagem ao Ministro Orlando Teixeira da Costa. São Paulo: LTr, 1998.

ZANGRANDO, Carlos Henrique da Silva. *A greve no direito brasileiro*. Rio de Janeiro: Forense, 1994.